Secrets of active note
taking skills

# 「すぐやる人」のノート術


塚本 亮

RYO TSUKAMOTO



明日香出版社

# はじめに

できる人は行動がとにかく速いです。先延ばしをしたり、行動が遅い人に成果を出せる人はいません。


では、行動が速い、「すぐやる人」に共通することは何でしょうか？

それは精神論に頼らず、「自分を動かす仕組み」を持っているということなのです。

「すぐやる人」は必ずしも意志が強いわけではありません。むしろ、怠け者の自分をいかに行動させるかにこだわっています。


自分を動かす仕組みを作るうえで、ノートは大きな役割を担っています。ノートの使い方であなたは「すぐやる人」になることができます。

「すぐやる人」は頭のなかにあるものを書き出すことで、状況や考えを客観的にとらえます。そして、具体的な行動につなげることがうまいのです。

## 私自身がノートの作り方を変えただけで、成果が大きく変わることを思い知りました。

ここで少し、私の話をしましょう。

私は学生時代、相当な勉強嫌いで、偏差値も30台をとったこともありました。そのうえ、クラスで一番太っていました。いつも「何もしたくない」「だるい」「面倒」という言葉が私の毎日を埋め尽くしていたのです。

それでも何度も頑張ってやろうと思ってはみるものの、なかなか自分を変えられず、知らない間に自信を失ってしまっていました。振り返れば、「どうせ自分なんて」という思いから、無気力になってしまったのだと思います。

しかし、そんな私でも英国のケンブリッジ大学大学院へ進学し、卒業後は日本全国たくさんの教育機関や企業で研修などを行うことができました。

さらに、映画『マイケル・ジャクソン THIS IS IT』のディレクター・振付師であるトラヴィス・ペイン氏をはじめ、世界的なエンターテイナーの通訳をしたり、幅広いビジネスを手がけることができるようになりました。

では、なぜ無気力だった私が、これほどまでに行動的に生まれ変わることができたのでしょうか？

それは先延ばしを断ち切ることにありました。**先延ばしのサイクルを断ち切った瞬間から、どんどん行動が楽しくて止まらなくなっていました。**行動的になればなるほど、毎日が楽しくて仕方なくなっていたのです。

本書では、私が行動的になれた仕組みを紹介していきますが、その前に1つ質問があります。

そもそも、なぜ私たちは先延ばしをしてしまうのでしょうか？

前提として、先延ばししたくて先延ばししている人は、いないということです。

むしろ、「やろう」と思っていたのにできずに終わってしまったことが多いのではないでしょうか？

まず、私たちから行動力を奪っていくものを考えてみましょう。

①やることをちゃんと把握できていない
②思考が整理されていない
③モヤモヤして気乗りしない
④すべきことに追われているだけ

1つひとつ見ていくことにしましょう。

①やることをちゃんと把握できていない

これは単純にしようと思っていたことを忘れてしまうことです。

単純なことのように見えますが、たとえば、何かに取り組んでいるときに、他の人から別のタスクの依頼が来たりということも起こり得ます。

きちんとやるべきことを把握しておかないと、「やろうと思っていたのにできなかった」「やるのを忘れた」ということになりかねません。

②思考が整理されていない

頭のなかがごちゃごちゃしていると、当然ながら行動力が落ちてしまいます。特に情報にあふれ、情報がどんどん飛び込んでくる今という時代は、選択肢が多すぎて、選択肢を1つに絞るのも容易ではありません。

「あれもいい、これもいい、でもこっちはこういうリスクがあって、これはこういうリスクがある」などと考えすぎてしまうあまり、行動がとれなくなるパターンです。

③ 気乗りしない

思考と同じで気持ちの整理ができていないときにも行動力は低下します。

人は感情の生き物です。いくら合理的に判断しようとしても、心が「NO！」と言っているときもあります。

ときに「やらないといけないとわかっているけど、やりたくない」という気持ちになることは、人間として自然なことなのです。

また、心配性で「失敗したらどうしよう」と考えるあまり、行動できないという人も少なくはないでしょう。

④すべきことに追われているだけ

「やらないといけない」ことへの行動力はある一方、「やりたいこと」を後回しにしてしまうパターンです。

特に仕事をしていると、緊急度が高いタスクがたくさん降りかかってくるでしょう。そしてそれに日々追われていると、「あれもそろそろ手をつけないといけないのに」と思いながらも、ずっと手をつけられないままになりがちです。

このような状態では、**ただただ何かに追われているだけで、豊かな人生を送ることから遠ざかってしまいます。**

他にもたとえば体調が悪いなどといった、行動力を低下させる原因はありますが、今挙げたものが4大原因と言っても、まちがいないでしょう。きっとあなたにも心当たりがあるはずです。

先延ばしをするとどんなデメリットがあるのでしょうか？

主なものは3つです。

①自信を失う
②信用を失う
③チャンスを逃す

①の自信を失うというのは、先ほど私の学生時代の話で少しお話ししました。「またできなかった」というイメージを自分に刷り込んでいくと、人は自信を失ってしまいます。
心理学では学習性無力感と呼ばれていますが、先延ばしを繰り返すと「どうせ自分にはできっこない」「自分はダメ人間だ」という思考癖が染みついてしまうようになります。

②の信用を失うというのは、なんとなくわかるかと思います。仕事においては特にスピードというものは重要です。**メールの返信やレスポンスが遅い、期限を守らない、決断ができない、というのはやはり仕事において信用を失いかねない問題です。**
逆に言えば、スピード感のある仕事をしているだけで、信用を得られることにもつながっていきます。今の時代、特にスピードが重視されています。先延ばしで信用を失いたくないものですね。

③のチャンスを逃すというのは、せっかくチャンスが巡ってきていても、決断ができず優柔不断なままでいたら、チャンスを逃してしまうということです。

「やろうかな、でもやっぱり……」

これは、成功したい人にとっては愚の骨頂です。チャンスボールが来ても見送ってしまっていては、大きな成功をつかむことはないでしょう。

では、これらを解消するためには何ができるでしょうか、それが本書のテーマです。

すぐやる人がどういう思考や行動習慣を持ち、先延ばしをしてしまう人はどういう思考や行動パターンを持っているのかについては、前著『「すぐやる人」と「やれない人」の習慣』（小社刊）をぜひ読んでみてください。

行動力を上げる方法はいくつかあると思いますが、なかでも**ノート1冊でこれらの原因を解消することができる**、と私は思っています。

**ノートの持つ力というものは絶大なものがあります。**決してあなどることはできません。

だから本書では、誰でも使ったことがある身近なノートを使って、行動力を高める方法をご紹介します。

それはまさに先ほど挙げた4大原因をしっかりと解消する方法なので、1つずつ取り組んでいくと、きっとあなたもその効果をすぐに感じてもらえると思います。

今日という日は今日しかないように、今という時間は今しかありません。**今すぐやるか、それともまた先延ばしをしてしまうのかで、明日のあなたが変わって来ます。**今のあなたがあるのは、これまでのあなたの行動の結果だからです。

だからもし先延ばしをして、やろうと思っていてもすぐやれないという行動パターンが染みついているのならば、本書をぜひ読んで、実践してください。

このノート術を身につけることのゴールは、もちろんあなたが先延ばし癖をなくし、行動力を高めることにあるのですが、それ以上に、時間を有効活用する術を身につけて、ゆとりある毎日を送れるようになること。これが本書の最大の目的です。

目の前にあることに追われてばかりの毎日ではなく、時間の余裕を生み出して、本来あなたがやりたいことややってみたいことに時間を使えるようになってほしいのです。

家族と過ごす時間を増やしたり、旅に出たり、そういったことにたっぷりと時間を使えたら、心にも余裕ができます。そういった思いから本書を執筆しました。

本書を通して、あなたの今が、もっともっと豊かなものになることを願っております。

塚本 亮

# 「すぐやる人」のノート術　もくじ



## 第1章　ノート1冊で時間が3倍になる！

## 第2章　仕事がサクサク進む！　タスコンノート

## 第3章 1日5分で行動を加速させる！ リフレクションノート

## 第5章 モヤモヤを解消して心を軽くする! クレンジングノート

## 第6章 もっと行動したくなる！ トリガーノート

もくじ



カバーデザイン：市川さつき（ＩＳＳＨＩＫＩ）
本文イラスト：パント大吉

# 第1章

# ノート１冊で時間が３倍になる！

# 01 suguyaru!

# あれもこれもしなきゃに追われては何も集中できない

「あれもしなきゃ、これもやらなきゃ」

バタバタしながら働いた1日なのに達成感がなく、時間がどこに消えてしまったのかよくわからないといった経験、ありませんか？

私たちは気をつけないと、**「やること」に追われすぎて、あれもこれもと思っているうちに、マルチタスクの罠にはまってしまいます。**

私はタスクホッパーと呼んでいますが、バッタ（英語でグラスホッパー）のようにあちこちのタスクに手をつけてみても、目の前のことにさえ集中できない状態になりかねません。

「バタバタして何かをこなしているのに、たいしてうまくいかない」

「ミスが増えるから人に迷惑をかけてしまう」

なんてことになり、このままでは、ついには無気力になってしまいます。

すぐやる人はマルチタスクは能率が落ちるということを理解していて、１つひとつのタスクに全力で取り組みます。まず、そのことを覚えておいてください。

では、気が散る要因はなんでしょうか？

それには内部要因と外部要因があります。

**内部要因とは、あなた自身のこと。**あなたの頭のなかがやることでいっぱいになっていたら、気が散って仕方がありませんよね。これでは行動できません。いつも何かに追われているような気がしてしまいます。

**次に外部要因とは、誰かが声をかけた、電話が鳴ったとか、スマホに通知が来たなど、他者からの影響のこと。**

一度集中力が削がれると、再び集中モードに戻すのに、15分も必要になることが脳科学の研究でわかっています。一度集中が切れると、やる気の低下につながってしまうのです。

そこで、集中が切れないように、すぐやる人が工夫していることを紹介しましょう。

まず、内部要因で、頭が散らかった状態にならないように、すぐやる人は頭のなかを空っぽにしています。

また、誰かに声をかけられても、電話やスマホの通知が鳴っても、とにかく外部要因に動じない仕組みを持っています。

これらを撃退する工夫は、とてもシンプルで難しく考える必要はありません。

私は注意散漫で、中学生のときの三者面談で、必ず担任から「塚本君はいつもアンテナが立ってて集中できないね」と言われていたほどなのです。それが今は目の前にあることに集中ができるようになりました。小さいながらも会社を経営しつつ、たくさんの仕事をサクサク進められるようになったのです。あなたも必ずできるようになります。

**1章と2章で紹介するノート術はまさにこの原因を撃退して、目の前にあるタスクに集中することができるようになった、仕組みそのものです。**

「やること」に追われるのではなく、自分でコントロールしながらサクサク進められるようになるので、仕事もプライベートも充実します。

それでは早速ノート術をご紹介しましょう。

## 集中できない状態とは？

**内部要因：あなたの精神状態**

**外部要因：外部からの影響**

**ノート術でこれらの原因を撃退し、**
**目の前のタスクに集中できる!**

02
suguyaru!

# タスコンノートで仕事がサクサク進む

タスコンノートとは、タスクをコンプリートさせるノートのことです。

Ａ４一枚を横向きに使って付せんで１日のタスクをマネジメントしていきます。

図のようにＡ４一枚を４分割して、左から、午前中、午後、夜、予備スペースとします。

その日のスケジュールで動かせないものをまずノート上に配置して、空いている時間にタスクを付せんに落とし込んでいきます。

このノートのいい点は、**いつも優先順位を考えながらタスクの配置を変えられること**にあります。おそらくあなたもそうだと思いますが、次から次へとタスクが降りかかってくるのが、この時代の特徴ですよね。

突然降ってきたタスクも的確に把握しながら、それをいつするべきか、他に優先してすべきことがないかを考えていかないと、いつも突然降りかかってきたタスクに振り回され

## タスコンノートとは?

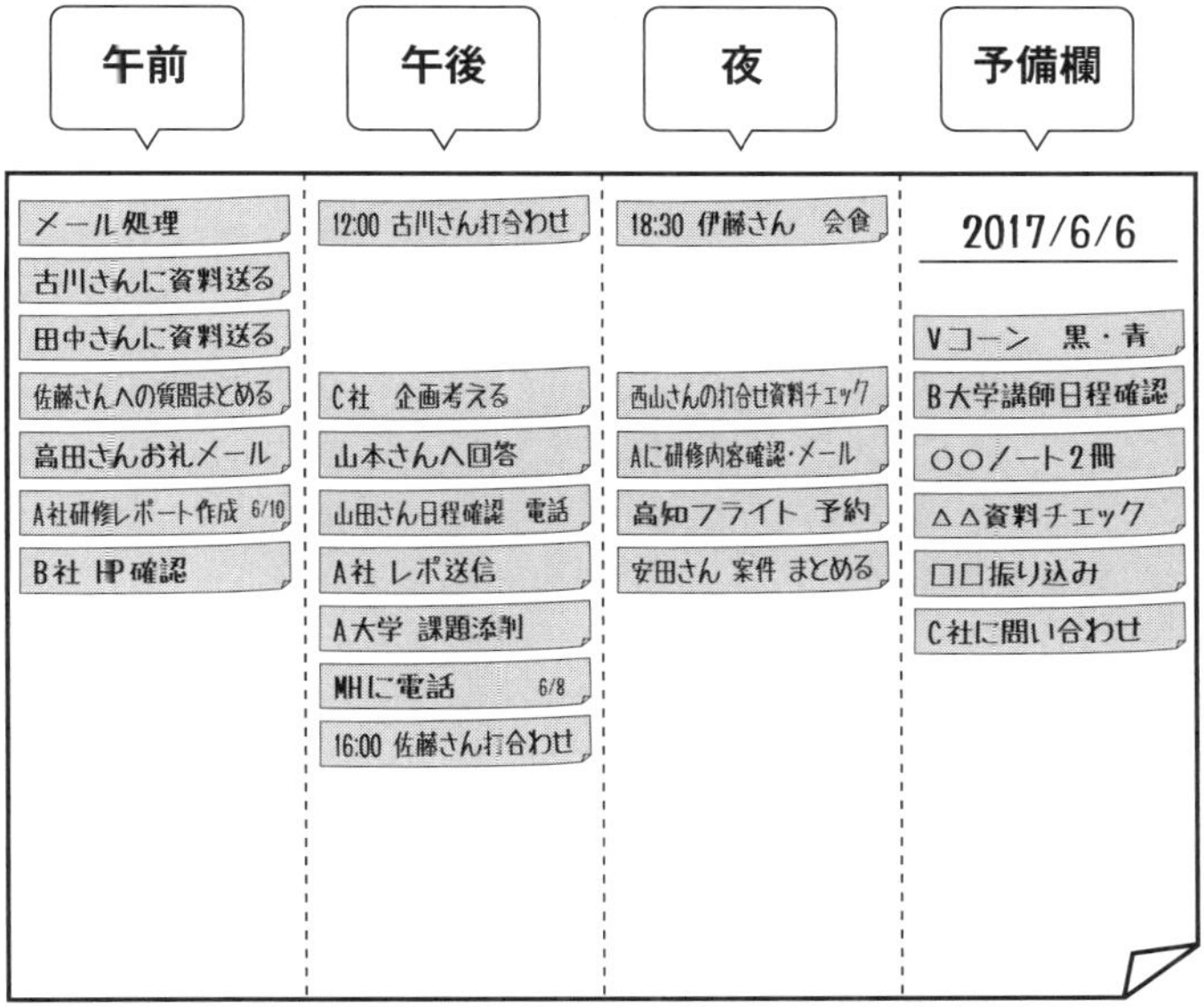


**優先順位を考えながら**
**タスクの配置をかえられる!**

てしまいます。

タスクに振り回されていると、いつまでたっても「緊急度は低いけれど重要度の高い仕事」を前に進めることはできません。

**あなたの仕事の成果を決めるのは、いつも重要度の高いタスクです。**なかでも重要なのが、**緊急度が低く重要度が高いタスクをいかにしっかりと進めるか、**です。

緊急度も重要度も高い仕事はちゃんと進めることができると思いますが、緊急度が低くて重要度が高いタスクはいかがでしょうか？

手つかずのままになり、締め切りや期日が近づいてから「やばい、どうしよう」となりがちです。

そのため、いつでも優先順位を考えながら、タスクの配置を変えていくのです。

サッカーを観ていると、基本的なフォーメーションがあり、試合の状況を見ながらそれを柔軟に変えていっているのがわかります。

「残り時間はあと5分で、1－0で逃げ切りたい。相手は攻撃的にきている」

となれば、自分のチームの攻撃的な選手を減らして、守備の選手を投入することだって考えなければなりません。

今のような時代は特に、状況に応じて優先順位を考えながら、やることを進めていくことが重要です。そして、それに適応しながら、タスクをサクサクこなしていくためのノートが、このタスコンノートです。

タスクが思うように進んでいくと、誰でも行動が楽しくなっていきます。

次に、ノートの作り方をご紹介する前に、タスコンノートを使うことで得られる５つの効果をご紹介しましょう。

## 03
suguyaru!

# ウソみたいに時短できる

このノートを活用すると1日のやることリストが俯瞰できますので、「これだけのことをこなそうと思ったらダラダラしていられない」という意識が働くようになるのです。

これは何より時短につながります。**時短するために一番効果的な方法は、時間制限を設けることです。**私たちは、時間に制限がないといくらでも時間をかけてしまって、気づかない間に浪費してしまうのです。

一方、追われているときは無駄なことを考えなくてすむので、突き進むしかありませんし、早く仕上げようとします。締め切りがあることで、私たちはより高い集中力を発揮できると、心理学の研究でもわかっています。

また、頭のなかにある「やること」を外に出すことで余裕ができますので、目の前のことに集中できます。超集中状態に入ることをゾーンに入るとも言いますが、まさに頭のなかがすっきりしているからこそ、ゾーンに入ることができるのです。

## ダラダラしていられない

### ○ 締め切りを作ると

### × 締め切りを作らないと

04

suguyaru!

# 仕事が遅いとは言わせない

特に、スピード感はとても大事です。**仕事ができる人、すぐやる人は時間への意識が高く行動が速い**のです。

「メールを返信しようと思っていたのに、タイミングを逃してしまって、今さら返信するのも気が引ける」

こう思って、先延ばしのサイクルにはまってしまったという経験はありませんか?

この状態では、相手の信頼を勝ちとるのは難しいと、わかると思います。

一方、レスポンスが早いと相手も仕事がサクサク進むので、「この人と仕事をするのは安心感がある」と感じてもらいやすくなるものです。

また、このタスコンノートを使えば、目の前にあることに集中できますので、仕事の質も高くなります。それによって同僚や取引先からも信頼感を勝ちとることができるようになり、人間関係がよくなり、仕事へのやりがいを今以上に感じられるようになります。

## 他人から信用を得られる

### ○ レスポンスが早い

### × レスポンスが遅い

05
suguyaru!

# やりたいことがどんどんできるようになる

このノートの目的でもあり、最大のメリットは、自分の時間が増えるということです。何もより多くの仕事をするためだけに、仕事の効率化を目指しているのではありません。もし、休みの日まで仕事のことで頭がいっぱいになっているとしたら、この機会に考えてみてください。

家族との時間や、趣味、習い事など、仕事以外の大切なことにしっかりと時間を割けるようにしてみませんか？

**「やること」をサクサクこなし、仕事以外の「やりたいこと」に時間を使えるようにするのが、何よりこのノートの目的なのです。**

私もこのノート術を活用するようになったことで、自分の時間を大切にできるようになりました。日々の仕事に追われているだけだと、本当に大切なものが見えなくなってしまうものなのです。

## やりたいことができる!

**早く仕事が終われば、**
**やりたいことができる!**

06
suguyaru!

# 気持ちよく「やること」を片づける

ストレスから解放されることも、このノート術のポイントです。ストレスの大半が自分に課されたやるべきことがうまく進まない、片づいていないことから生じているとさえ言われています。

「やること」をどんどん付せんに落とし込んでいきますので、頭のなかに溜まったものを外へ吐き出せば吐き出していくほど、つまり**ノートを埋めていけばいくほど、心に余白が生まれるわけです。**

そしていつでも目に見える形でノートを管理していますので、「あ、あれやってない！」というストレスから解放されます。

私たちはものを忘れて当たり前なのです。その前提に立つことが大事で、忘れてしまうことにストレスを感じる必要はありません。忘れるからこそ、仕組みをしっかりと持てばいい、それだけの話なのです。

## ストレス対策にも役立つ

**やることを書き出すことで心に余裕が生まれる**

# 07
suguyaru!

# 行動こそが自信を生む最強の方法

このノートを活用すると、したいと思っていたことややるべきことがサクサクと片づいていきますので、自分に自信が持てるようになります。

カナダの心理学者アルバート・バンデューラは、自分が目標にして取り組んでいることに対して「きっとできる」と感じられることが、モチベーションを保つうえで大切であると指摘しています。つまり、挫折しらずになるためには、「きっとできる」感覚を高めることが大事です。このように目標達成できると認識する感覚を「自己効力感」と呼びます。

それでは、どうすれば、その「自己効力感」を高めることができるのでしょうか?

その方法の1つが「自分の頑張りによって達成できると感じている」ことなのです。

簡単に言えば、行動したことで自分の行動力に自信が持てるようになるということです。

**私たちは行動をすることでしか、自信を持てるようにはなりません。頭で考えるだけでは自信は生まれないのです。**

## 自信をつけるには？

1 行動の結果、うまくいく
（達成体験）

2 他者の成功行動を見聞きする
（代理的体験）

3 まわりからの励ましなどを受ける
（言語的説得）

4 メンタルを整える
（情動的喚起）

# 第2章

# 仕事が
# サクサク進む！
# タスコンノート

01
suguyaru!

# まずスケジュールを管理する

この章では引き続き「やること」をサクサクこなすためのノート術を紹介します。

まず、「やること」とスケジュールは密接に関係していますので、スケジュール管理についても少し考えてみましょう。スケジュールは手帳でシンプルに管理するのがいいでしょう。

私の場合、スケジュールを共有するために、グーグルカレンダーとあわせて活用していますが、メインはＡ６サイズの手帳と決めています。

予定が変わることはよくあることですので、**メインとサブをしっかりと決めておかないと、どっちが正しいのかわからなくなってしまうリスクがあります。**そのため、手帳に書き込んでから、グーグルカレンダーにアップするという順番は厳守です。

また手帳が手元にないときに何かの予定が入ったら、自分にまずはメールをして、手帳に書き込んでから、次にグーグルカレンダーにアップするという手順を踏んでいます。

## スケジュールはシンプルに管理する

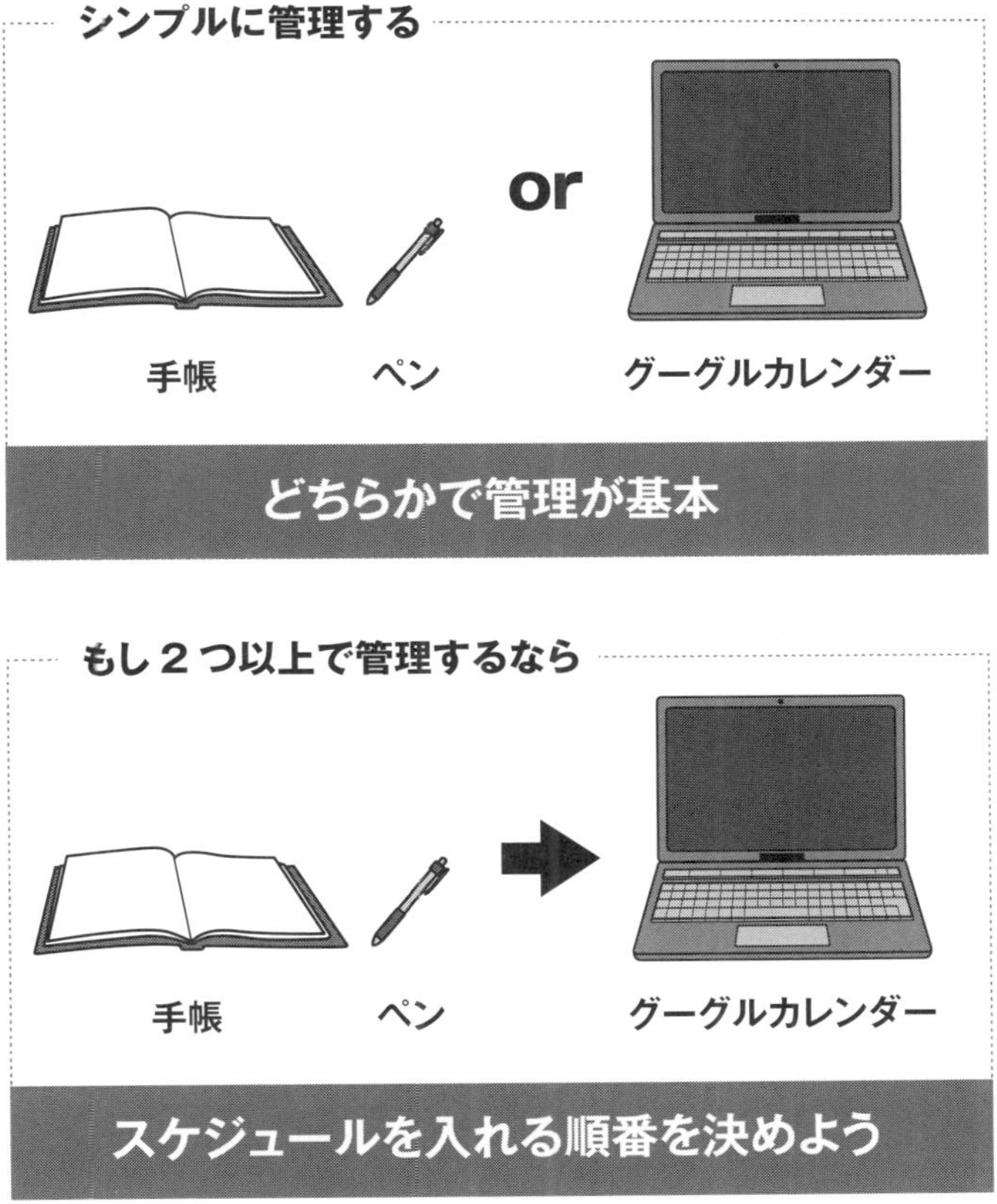

## 02
suguyaru!

# ウィークリー手帳で時間を徹底的に意識する

私は、いつもバーチカルタイプのウィークリー手帳を使っています。時間を徹底的に意識できるということがその最大の理由です。そして、ウィークリーは見開きで1週間の予定をいつでも確認できることもメリットです。マンスリーだと、どこにスキマ時間が生まれそうかなどといった時間の感覚があまり持てません。ちょっとした時間の使い方、つまり微差こそが大きな差を生むと思いますので、ウィークリーでの管理がオススメなのです。

大学受験の時からウィークリーを使うようになり、このおかげで自習時間を上手に確保できました。

また、手帳をつけると、ダラダラと怠けてしまいそうな時間にも緊張感を持って臨めるという副次的な効果も期待できます。

もちろん、これは受験だけでなく仕事でも同じ。ウィークリーをうまく使えば、効率化が図れるようになるでしょう。

## ウィークリーでスケジュールを管理する

### ○ ウィークリー（バーチカルタイプ）

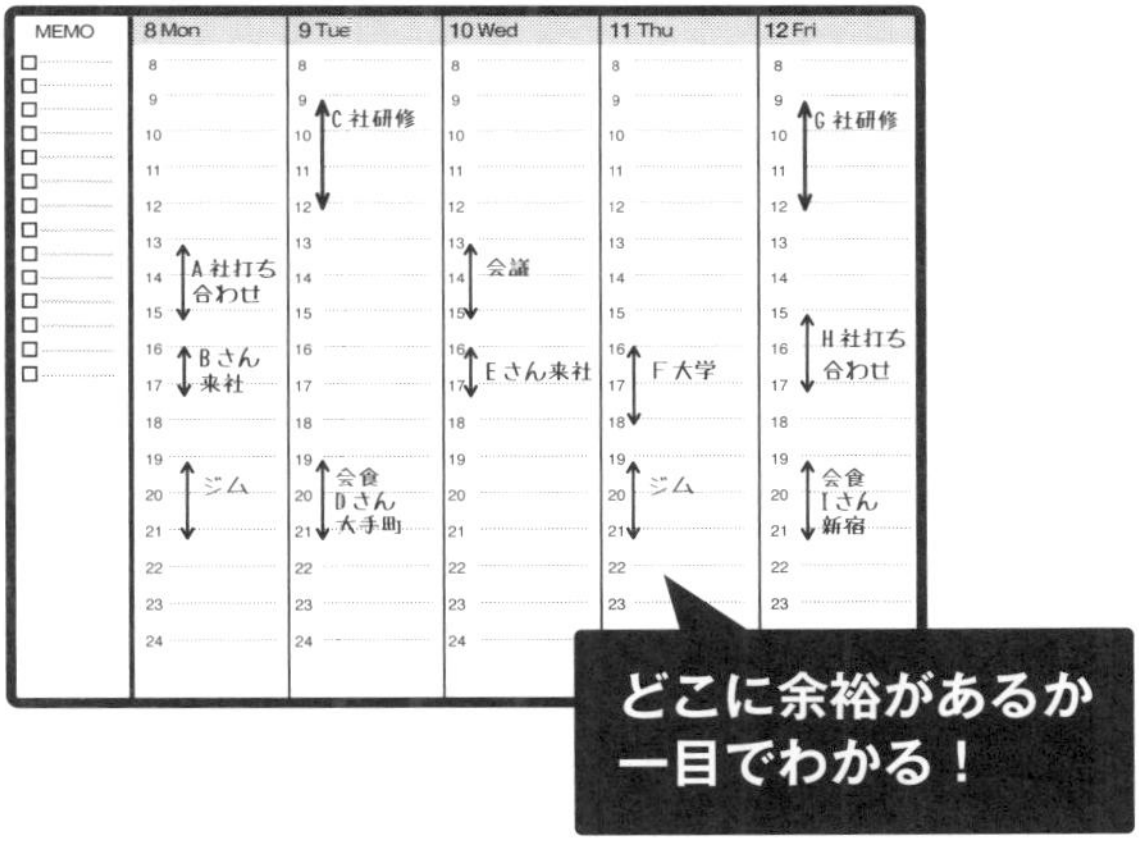


### × マンスリー

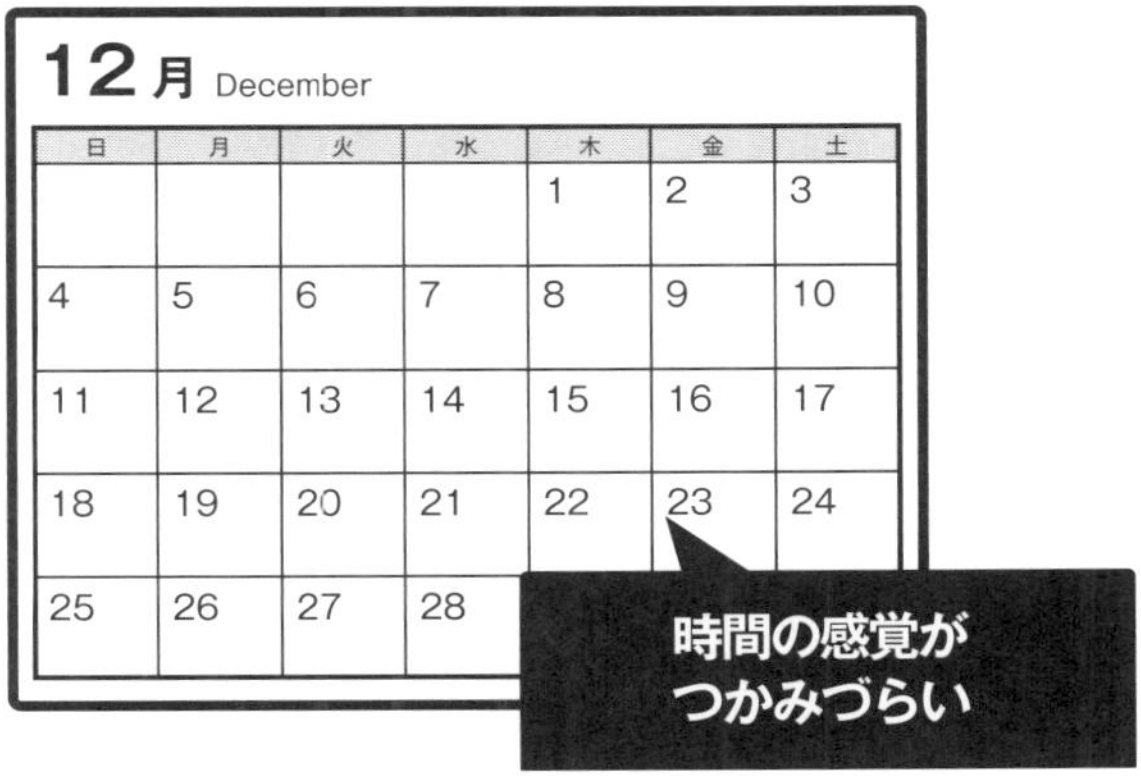

03

suguyaru!

# やりたいことを最優先する

タスクや仕事に追われるだけで毎日が過ぎていき、自分のやりたいことができないまま生きていては、なんのために生きているのかがわからなくなって当然です。

誰でも毎日を楽しみたいし、1日1日を味わいながら生きていきたいですよね。

そこで、自分のやりたいことへの時間をまず確保することから始めます。

「時間ができたらあんなことしてみたいな」と言っていると、一向にできるようになる日は来ません。やりたいことがあるのなら、まずスケジュールにそれを入れてしまいましょう。遊びの予定や自分磨きの予定をどんどん確保してほしいのです。

というのも、そういう予定を重要視することで、**仕事を早く終わらせることへの意識も高くなる**からです。強制的に、仕事のことを考えない時間を作ることで、さらに仕事の質も高くなります。

## やりたいことを優先する

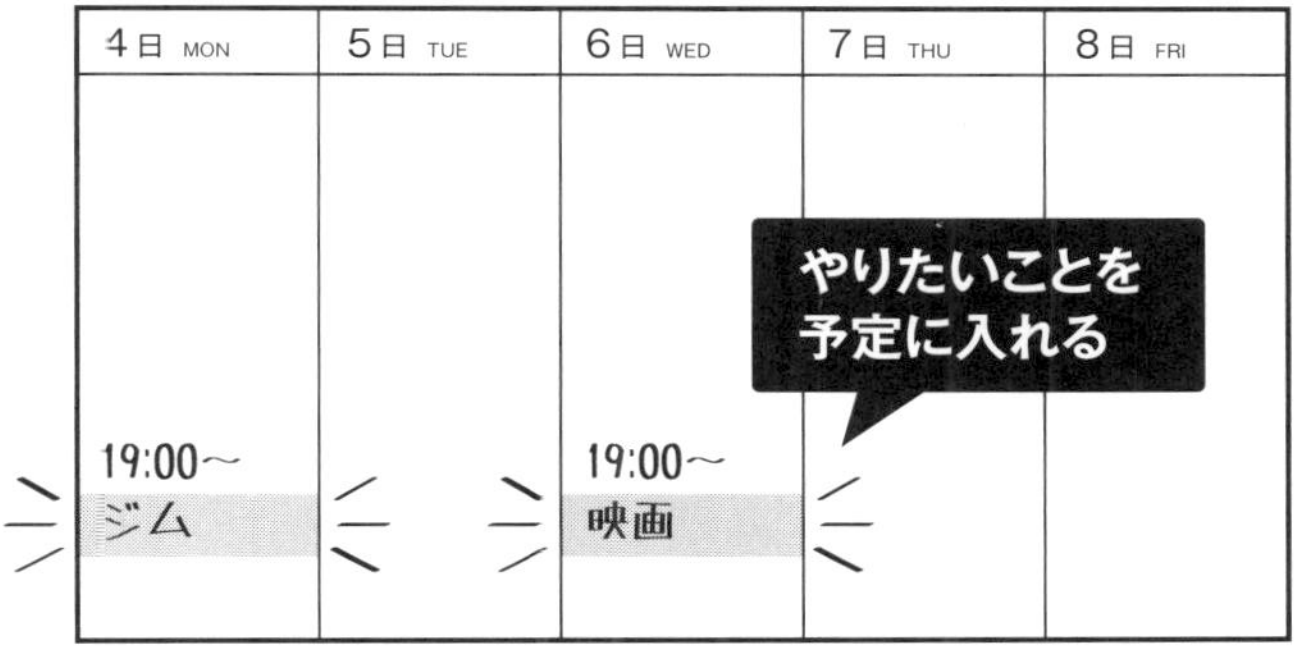


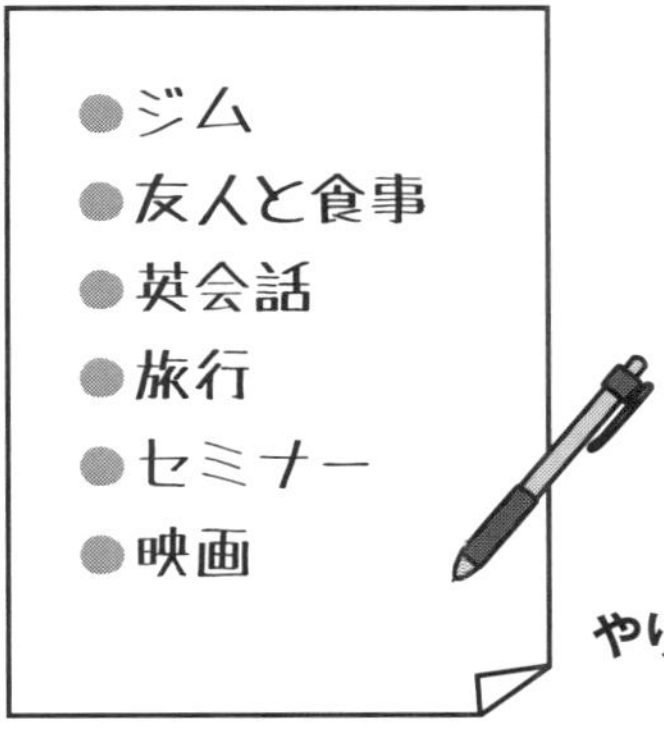


やりたいことを書いてみよう!

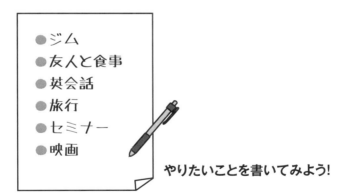

04

suguyaru!

# タスコンノートに必要な3つのツール

それでは具体的にタスコンノートの作り方をご紹介しましょう。まずノート作りに必要な3つのツールをご紹介します。

1つ目はA4のコピー用紙です。図のように、横向き、4つ折の4分割で使います。そして付せんです。私はポスト・イット®の75㎜×14㎜を使用しています。A4用紙を4分割すると、ほぼ同じ大きさで使うことができるからです（※）。

最後に、ペンです。黒1色でいいでしょう。

個人的には、水性ペンをよく使うのですが、パイロットのVコーンやZEBRAのサラサを使います。多くのシーンでこのどちらかのペンを使っているので、そのまま使っています。付せんに色がついているので、あえてペンを何本も変える必要はありません。

何よりも重要なことはタスクをしっかりと遂行することですので、ノート作りがゴールになってしまわないようにしたいところですね。

※ A4用紙の寸法（210㎜×297㎜）。ポスト・イットは、3M社の商標です。

## タスコンノートに必要なもの

### □ 紙

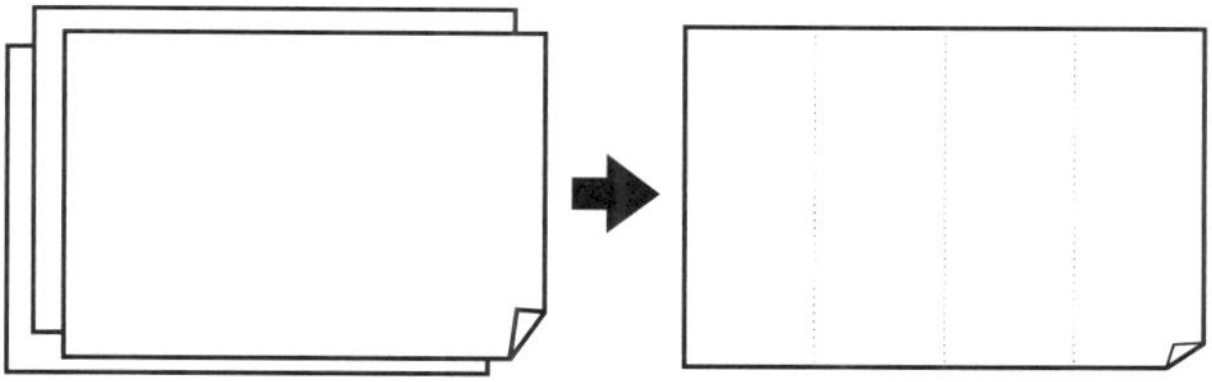

コピー用紙の
裏紙でも OK！

4つ折りの4分割に
して使います!

### □ 付せん

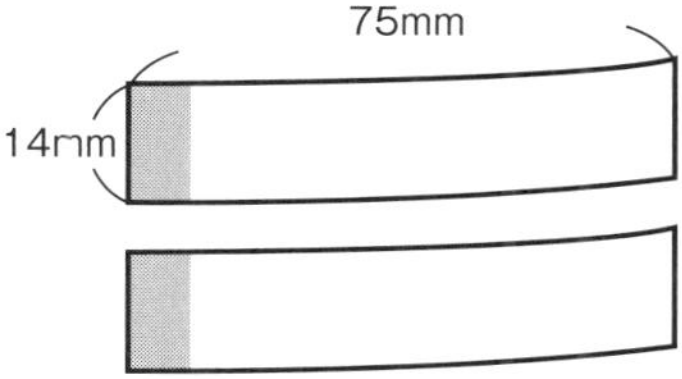


この寸法でそろえると
ラクに使えます!

### □ ペン

お気に入りのペンが
あれば、それでも OK！

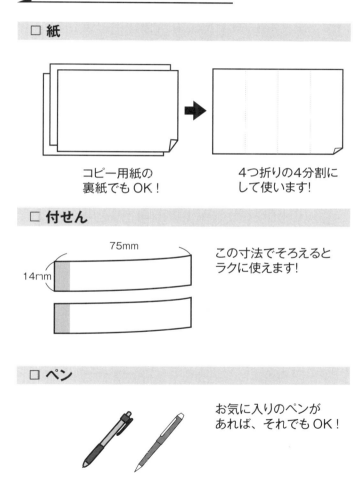

05
suguyaru!

# 付せんの色を使い分ける

イエロー、グリーン、ピンク、ブルーの4色を使っていますが、付せんの色分けは重要。私は、イエローとグリーンを仕事関係の「やること」に使っています。「Aさんに電話」「B書類の最終確認」などといったものです。毎日頻繁に使う付せんなので、イエローがなくなったらグリーンを使うようにしています。

そしてピンクを動かせないアポや期限が差し迫っているスケジュールに使います。「Cさんと打ち合わせ」「○○セミナー」「△△返答15：00」などのような内容です。

ブルーは仕事関係以外の「やること」に使います。主にプライベートなことと思えばいいでしょう。「ジムに行く」「トイレットペーパーを買う」のように、行動から買うべきものまで、仕事以外の行動に関するものは全て書き出しておきます。

あまりにもイエローばかりだと、自分がしたいことや自分のためのアクションができていないことに気づいたり、自分の行動を色分けによって管理できるのです。

## 付せんの色を使い分ける

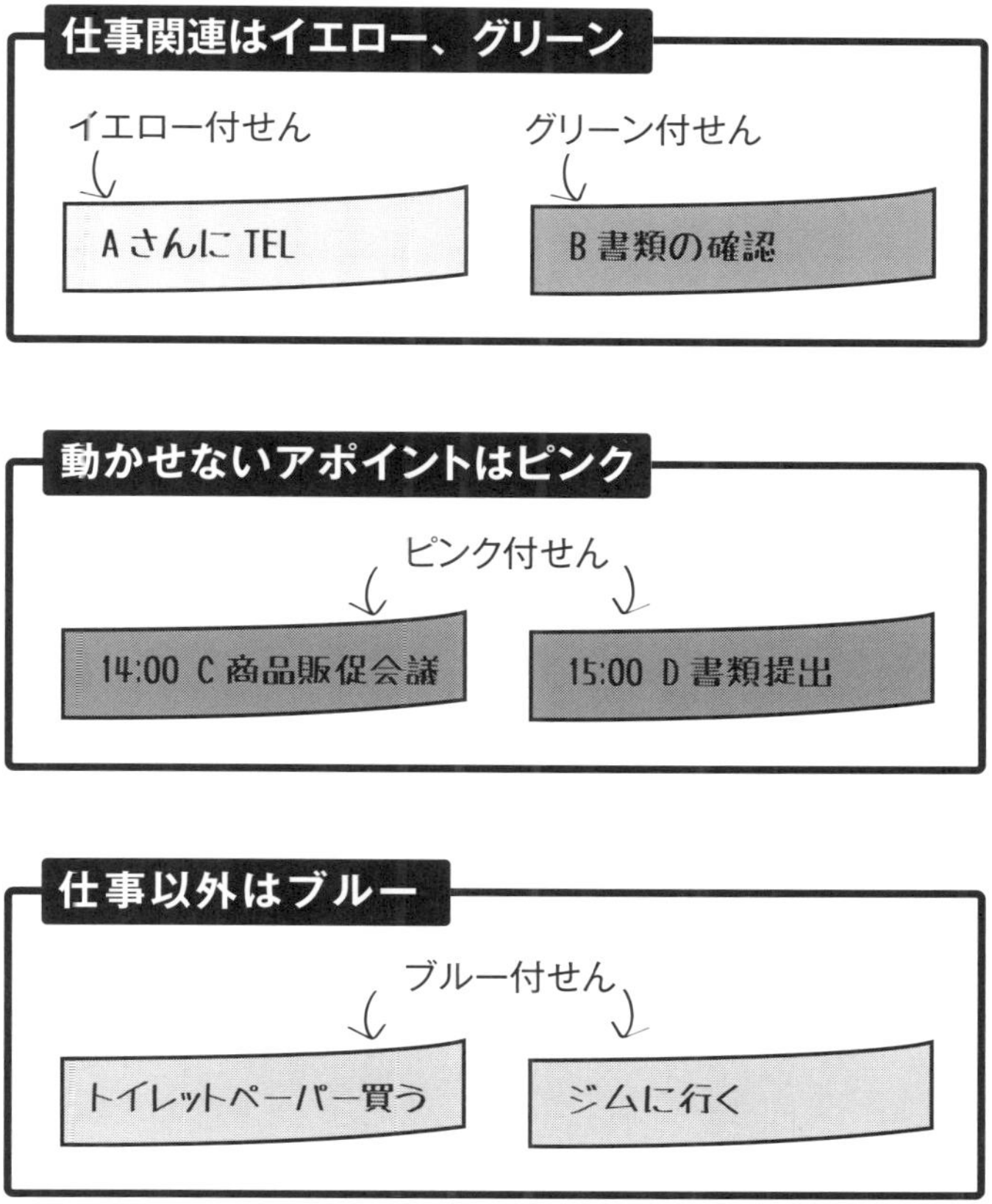

## 06
suguyaru!

# まずはピンクの付せんを配置する

まずはピンクの付せんに、その日の動かせない予定や絶対に終わらせないといけないこと、つまり緊急度も重要度も高いものを書き込んで、該当する位置に貼りましょう。

たとえば午前11時に山田さんとスカイプ会議があったとします。付せんに「山田さんスカイプ 11：00」と書いて、ノートの午前の欄の下の方に貼りつけます。このように当日の予定をまずはどんどん貼っていくと、どこに時間の余裕があるのかが見えてきます。

タスクの期限が差し迫っているものの場合は、たとえば、古田さんに15時までに予定を連絡しなければならない場合は、「古田さん予定連絡 15：00」と付せんに書き込んでおけば、いいでしょう。緊急事態などでタスクがあまり進まないような日でも、優先度と緊急度の高いものからこなしていくことができるようになります。

そしてその日の他の「やること」を書き出していって、このタイミングでやろうと思う場所に配置させていきます。

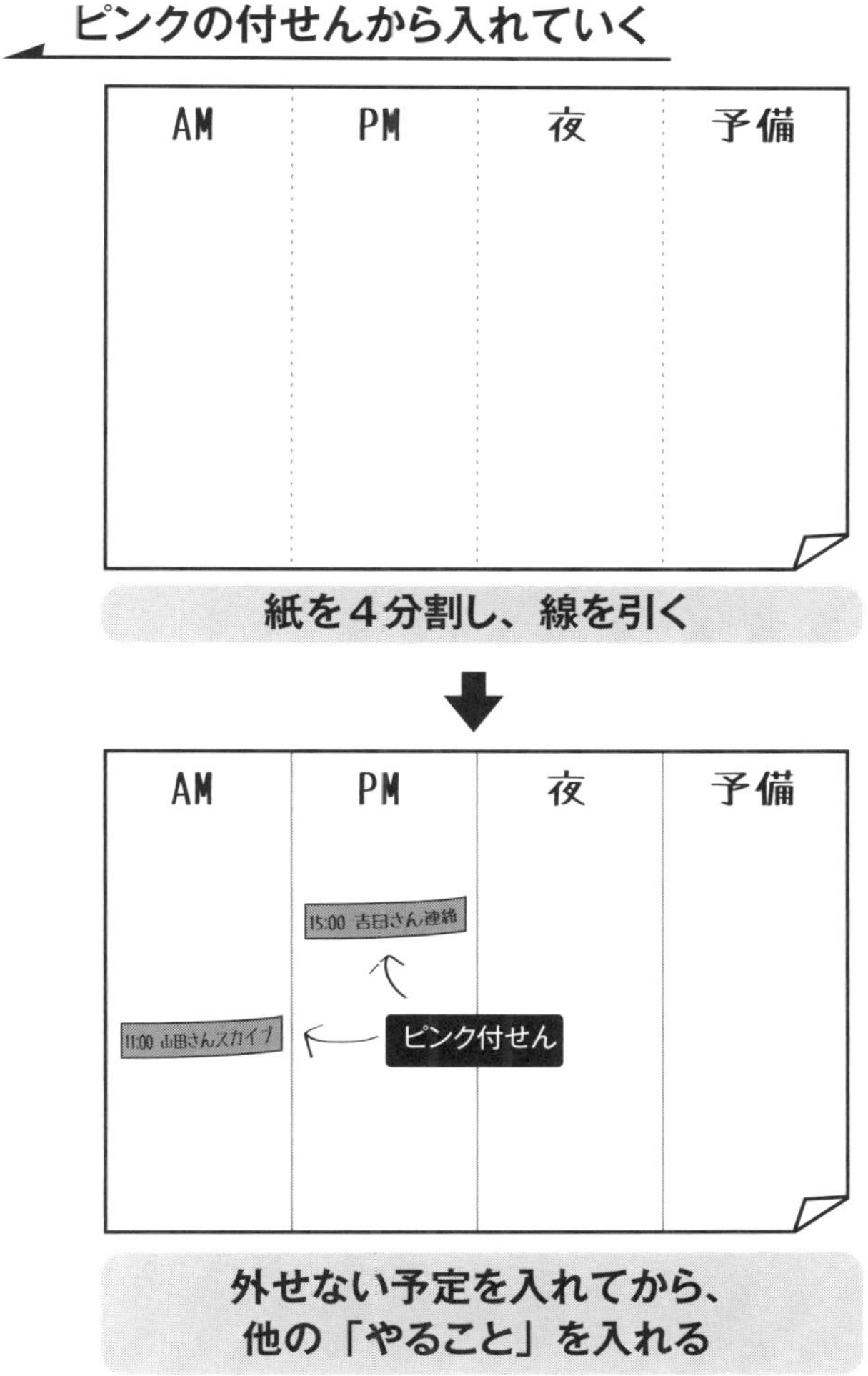
ピンクの付せんから入れていく
AM
PM
夜
予備
紙を４分割し、線を引く
AM
PM
夜
予備
15:00 吉田さん連絡
11:00 山田さんスカイプ
ピンク付せん
外せない予定を入れてから、
他の「やること」を入れる

07

suguyaru!

# 予備スペースに買い物リストも放り込む

予備スペースの使い方の1つとして、買い物リストとして使うことがあります。

たとえば、ペンのインクがなくなったり、付せんがなくなりそうなときは、予備スペースに「青ペンの購入」などと付せんに書いて入れておけば、会社帰りに買って帰ろうかと思い出しやすくなります。

**基本的になんでもアクションが必要なものは入れていくのが原則**です。なぜならば、それらをしそびれたり、買いそびれたりすることがないようにするためのノートだからです。

私の場合は、たとえばゴルフのレッスンの予約、ペットのトリマー予約、Tに予定メール、などといったものなども全て放り込みます。

私たちの身体は1つですし、1日24時間というのは誰のものでもなく、自分のものでしかありません。だから、自分の1日のなかで必要なアクションをどんどん入れていくことが大事です。

## 予備スペースの使い方

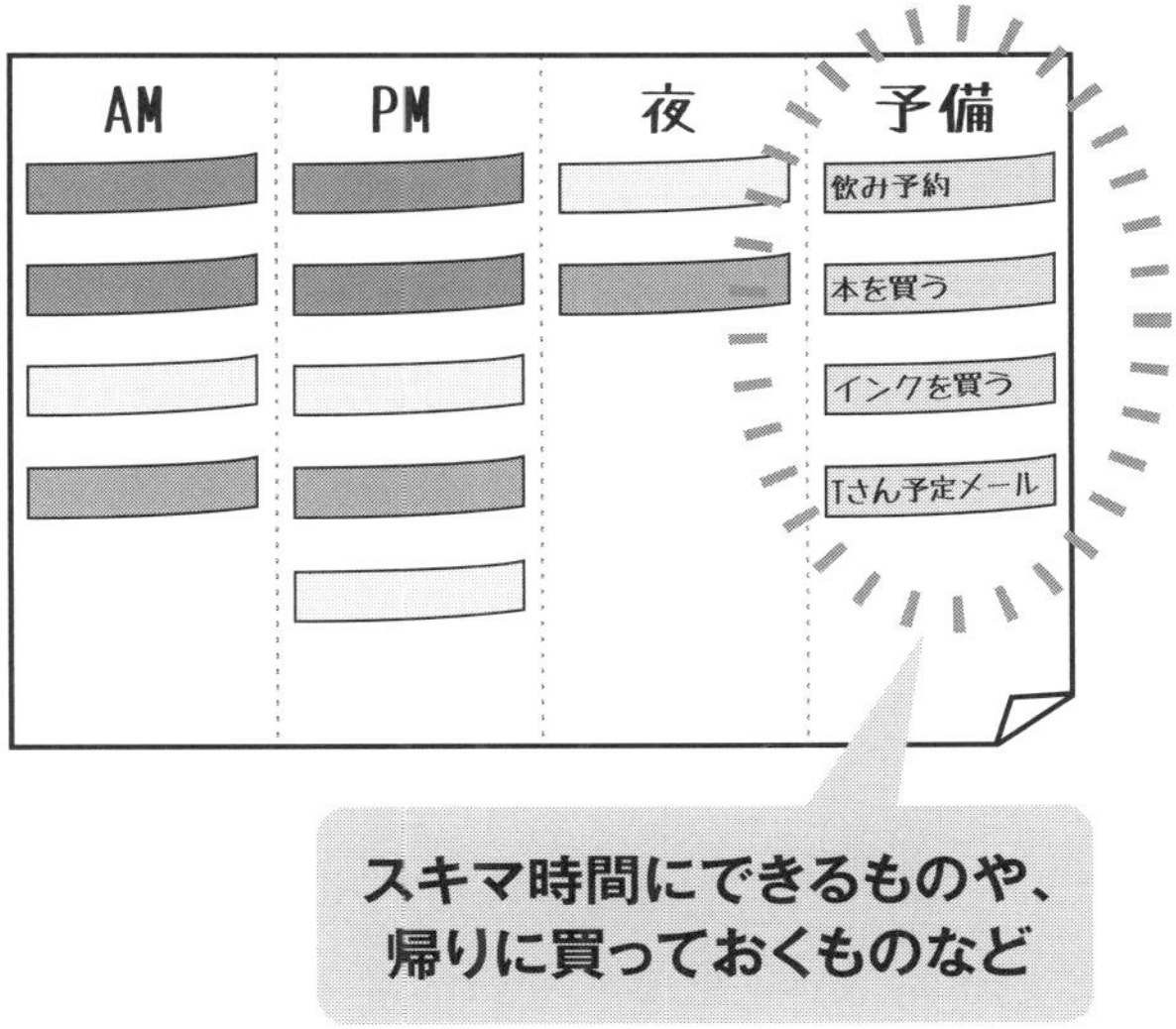
AM
PM
夜
予備
飲み予約
本を買う
インクを買う
Tさん予定メール
スキマ時間にできるものや、
帰りに買っておくものなど

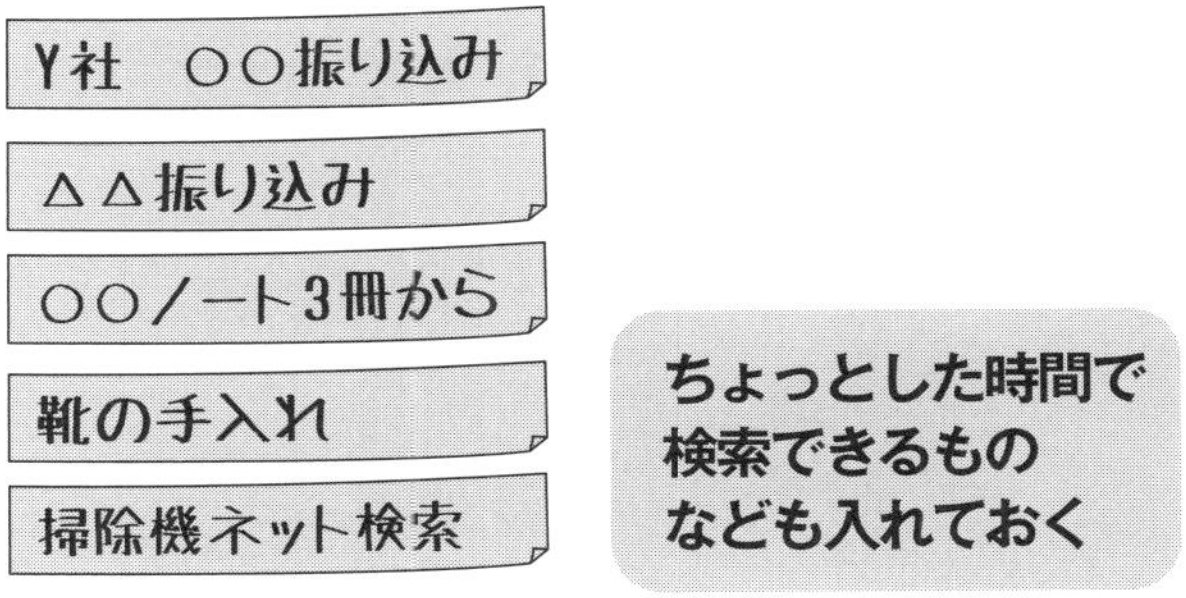
Y社　○○振り込み
△△振り込み
○○ノート3冊から
靴の手入れ
掃除機ネット検索
ちょっとした時間で
検索できるもの
なども入れておく

## 08
suguyaru!

# 予定のズレにもラクに対応できる

**すぐやる人は計画通りに予定は進まないことを前提にして、行動しています。**そのため、予定がズレても、的確な行動をとることができてムダがありません。

もし、想定外のことが起こり、苛立ったとしたら、そもそも予定通りに進まないものと想定して、フレキシブルに予定を組み替えなかったことに問題があったと考えましょう。

また、相手の都合などで予定がずれ込むことだってありえます。

たとえば、打ち合わせを17時に予定していたら、相手から15分遅れると連絡が来たとします。そのときにさっとタスクリストをとり出して15分以内に片づけられるものを探して取り組みます。何かについてのリサーチをスマホでできてしまうかもしれません。ちょっとした調べごとはこれで片づいてしまうことだってありえるでしょう。

これだけで1つ片づきます。これがないと、ぼーっとしたり、スマホでSNSにとりつかれたりと、非生産的な結果に終わってしまいます。

## 予定のズレにも対応

予定がズレたとしても

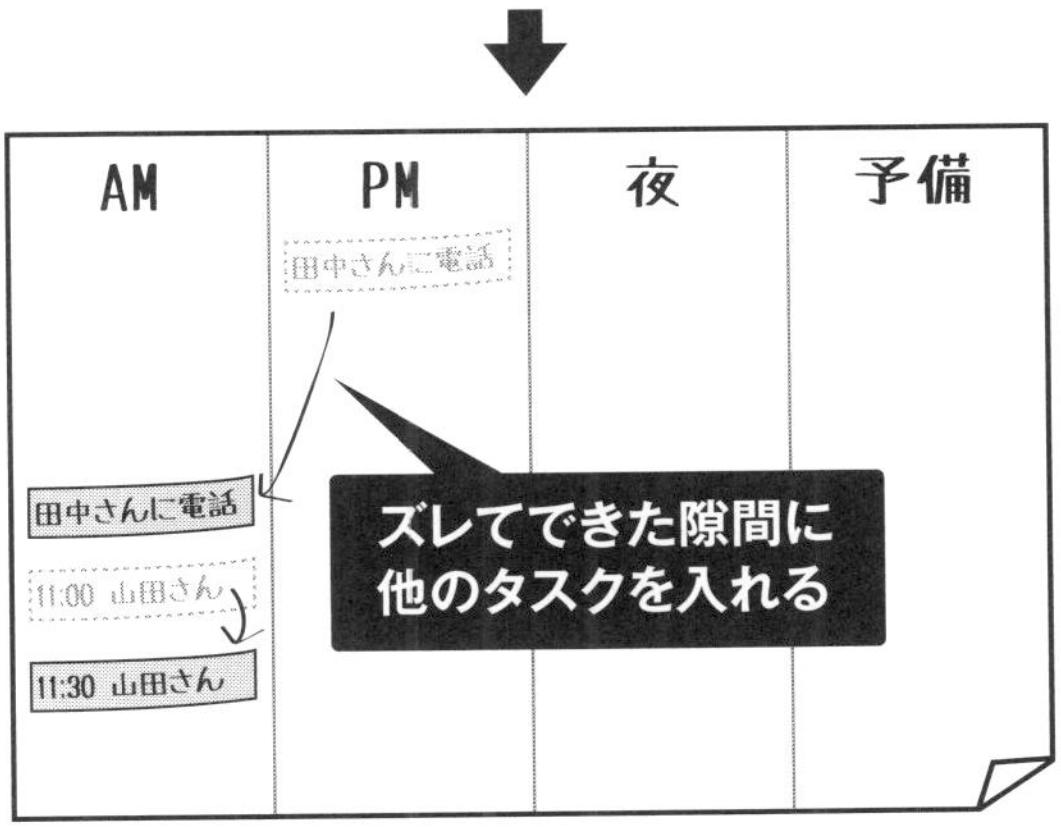


**付せんのいい所は
すぐに置き換えられる所!**

## 09 suguyaru!

# タスクを俯瞰することのメリット

先延ばしをしてしまう原因の1つに、1つのことに集中しすぎてしまうということがあります。

タスクを全て書き出しておかないと、ずっと同じものばかり集中してしまうこともあります。もちろんその日のうちに仕上げないといけないのならばいいのですが、他にもたくさんタスクがあるときに、必要以上に1つのことにこだわってしまうのはよくありません。

いつもタスクの全体を俯瞰できる状態にしておくことが大事です。

たとえば私の場合、文章を書く仕事も少なくありません。そのときにリズムがついてしまったからといって、そればかりしていると、他の仕事が回らなくなってしまいます。他にもパワポ資料の作成など、ついつい必要以上にのめり込んでしまうこともあります。

そこで、しっかりと1日のタスクを時系列で俯瞰できるようにすることで、「このあたりで一度止めたほうがいいな」と冷静な判断ができます。

## 全タスクを俯瞰する

**タスコンノートは常に俯瞰できるように置いておこう**

10
suguyaru!

# 1週間単位でクリアファイルに入れていく

タスコンノートは、1週間単位で作ることをオススメしています。手帳と同じようにあわせて月曜日スタートで活用すればいいでしょう。日曜日の夜に1週間分のノートを用意します。手帳に書かれているタスクがあればそれを付せんに落とし込んで、その該当する日のノートに貼りつけておけばいいでしょう。

もちろん、必ずしも月曜日からスタートさせる必要はありません。あなたの職種などによってもも変わってくると思いますので、そこは柔軟にスタート日を調整してください。

スタート日に大事なのは、1週間単位で作り、毎日見直しをしていくことです。月曜日に出勤したら、新しいタスクが増えることも想定できますので、状況に応じて逐一アップデートをしていく必要があります。

私は1週間あたり6日分で作ることを目安にしています。なぜならば、週1回くらいは何も考えない、タスクに追われない1日を作ることも重要だからです。

## 休日の夜に１週間分用意する

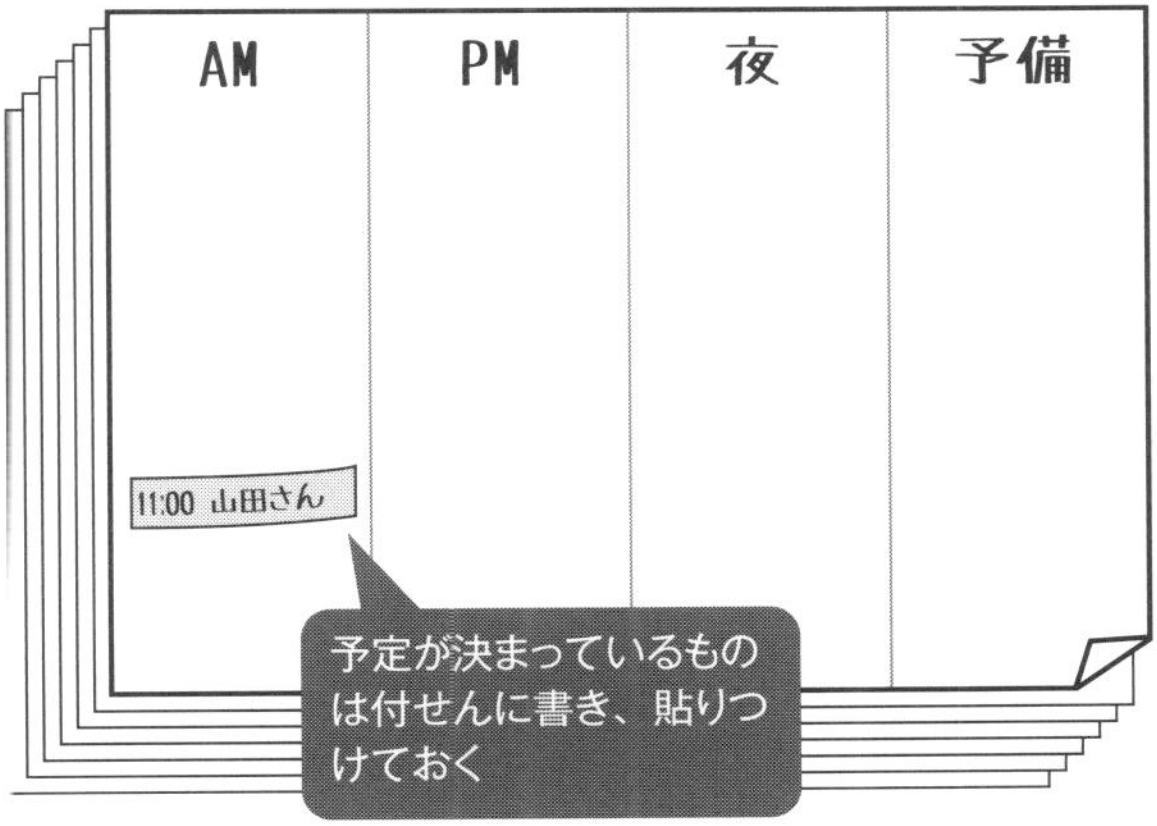


**タスクに追われない１日を作り、**
**１週間分として６枚用意**

11
suguyaru!

# 翌日のシミュレーションをする

月曜日の予定は日曜日に、火曜日のタスクは月曜日の夜に、といった具合に毎晩、翌日のスケジュールを考えながらタスクをノートに落とし込んでいきましょう。

付せんをペタペタ貼りながら、翌日の予定を立てていくと、1日の流れのシミュレーションをすることできます。

すると、「あれ？ これいつできる？」とか、「あ、これにはあれを持っていったほうがいいよね」などといったふうに、やることの漏れを見直すこともできますし、準備物を確認することもできます。

もちろん毎日、その日の状況に応じてタスクの配置を変化させていきますが、まずは前日によりリアルに翌日の状況を想定しておくことで、コントロールできる感覚を持ちながら、翌日を迎えられるようになります。

## 翌日のシミュレーションをする

**タスク、アポイントの漏れや**
**準備するものに気がつく**

## 12

suguyaru!

# 先の予定を管理する

このノート術についていただく質問のなかに、1週間より先に期限があるタスクはどうすればいいのかといったものがあります。

たしかに、中長期のプロジェクトなどの場合、進捗状況の確認や、誰かに何かを依頼するタイミングは今すぐではないものも多くなります。その場合、長期的な視点で発生する「やること」は、まずその期日を自分で設定して、**手帳のウィークリーページに期日を書き込んでおきましょう。**

たとえば、3週間後にYさんに進捗確認メールを送る場合は、「Yさんに進捗確認」と、手帳の3週間後のところに記入しておけば、その週が来るときにしっかりと付せんに落とし込むことができます。

私の場合、手帳の下部に設けられたスペースに、どんどん期日とタスクを書くようにしています。

## 先の予定にはどう対応する？

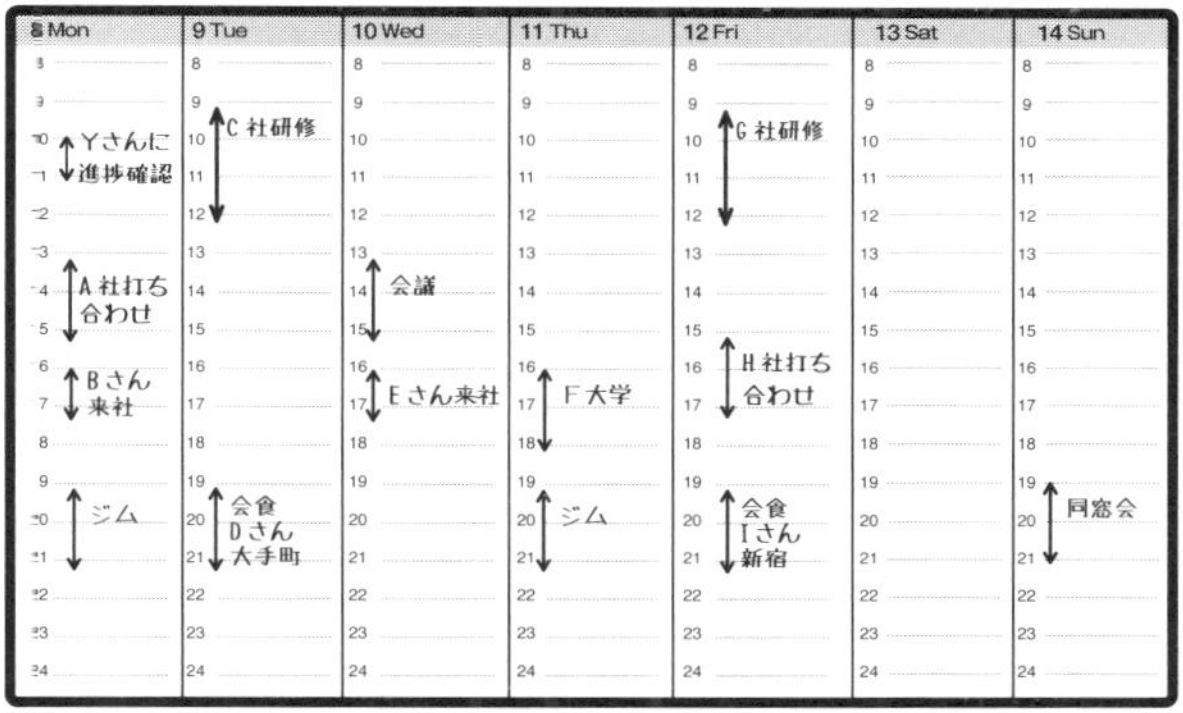


**ひとまず手帳に記入しておく**

↓

**この週が来たら……**

Yさんに進捗確認

**付せんに書き、**
**タスコンノートに貼る**

13
suguyaru!

# コンプリートしたらどうする？

付せんはその日が終わるまでは基本的に剥がしません。というのも、1日の終わりにノートを振り返る時間を設けているからです。

そのため、終わった「やること」には赤いペンで取り消し線を入れておけばいいでしょう。こうすることで達成感を味わえますし、**自分の1日の行動を振り返ることは明日へのモチベーションを生む**からです。

また、次の章でご紹介をするリフレクションノートでも1日の流れを振り返ることができます。

そして手帳をとり出して、その日にこなした主な「やること」で重要なものは、手帳のその日の欄に書き込むようにしています。常に手帳とノートは連動させていくことが大切なのです。

## 終わったタスクはどうする？

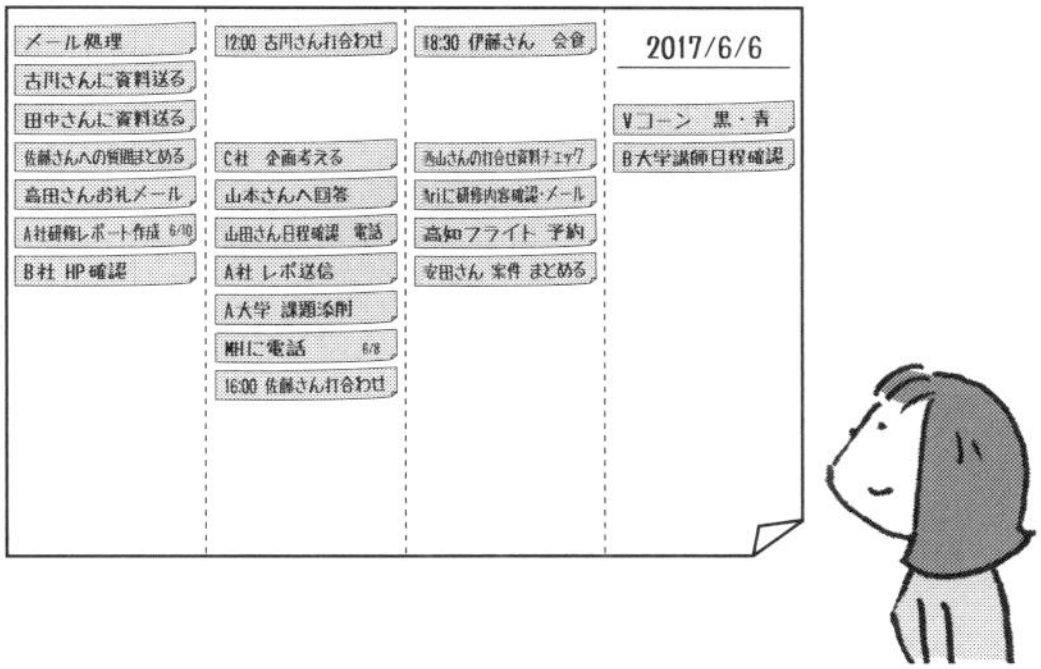


**タスコンノートを見て、
1日を振り返る**

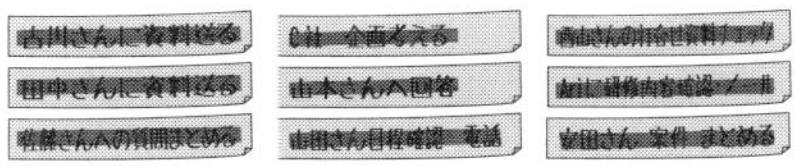


**終わったタスクには
赤ペンで
取り消し線を入れておく**

# 14
suguyaru!

# クリエイティブな人は朝に集中する

脳のゴールデンタイムを知っているでしょうか。**起きてからの2、3時間は脳のゴールデンタイムと呼ばれていて、**最もフレッシュな状態で活発に脳が動く時間帯です。だから、私は原稿を朝に書くことにこだわっています。朝の時間帯に、特に集中する必要のないものに取り組むと、せっかくのゴールデンタイムを無駄にしてしまうことになります。

逆に、みなさんが学生だったときのことを思い出せばすぐにわかると思いますが、昼食の後の時間帯は、いくら集中しようとしても頭がぼっーとして眠くなってしまいます。そのような時間帯に脳をたたき起こそうと思っても、なかなか無理があります。

食後は血糖値が上がります。血糖値が上がると人は生理的に眠くなるのです。それに逆らおうとするよりは、脳のバイオリズムに合わせてアクションをとっていくほうがよほど効率がよいでしょう。

## ゴールデンタイムを活用する

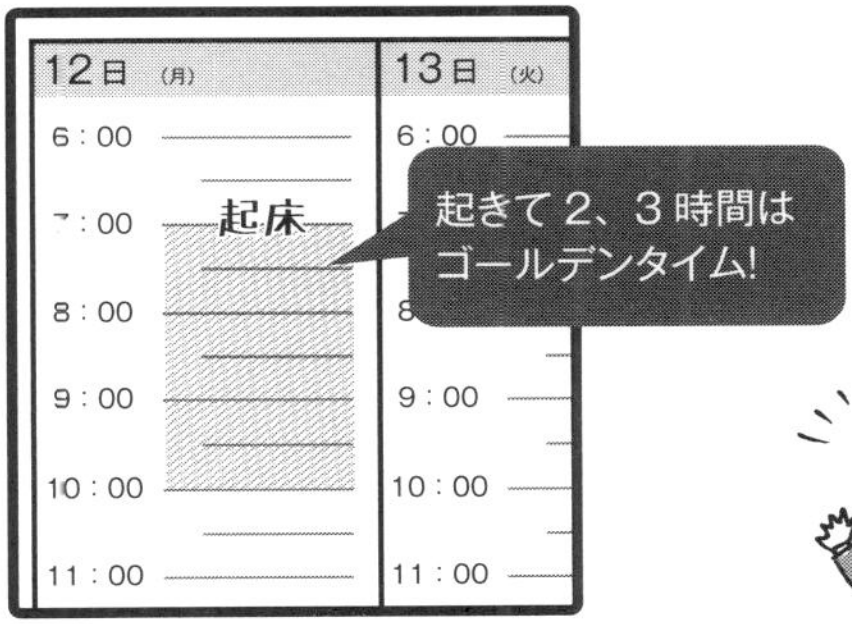

企画立案

執　筆

販促案まとめ

タイトル案

キャッチコピー案

POP 案作成

**クリエイティブな仕事を**
**入れていこう!**

## 15 suguyaru!

# 気乗りしないときはサクサク進むものから

なんでもそうですが、動き出すときが一番つらいものです。自転車は漕ぎ始めが一番力を使います。寒い冬の日に目が覚めても、なかなか布団から抜け出すことができないというのは、誰にでも経験があることだと思います。

一方、すぐにこなせるようなタスクからとりかかれば、心理的な障壁も低いので、スタートすることへの抵抗も少なくなります。スポーツをするとき、ウォーミングアップをすることで、身体を思うように動かせるようになるのと似ています。

あまりやる気が起こらないときは、簡単なもの、つまりサクサクできてしまいそうなものから手をつけましょう。するとリズムができて、心を乗せやすくなります。

ときにはこのように、順序を調整することで、気乗りしない状況を乗り越えることができます。このタスコンノートをうまく活用すれば、状況を自在に操ることができます。

## 気乗りしない時は簡単なものから

**まずはできそうなものから
はじめてみる**

**サクサクできそうなものを
あらかじめ用意しておくのも １ つの手!**

# 16 suguyaru!

# 一口サイズにしないと行動できない

ダメな付せん例は、抽象的すぎて具体的な行動が書いていないもの。すぐに行動に移せる単位に落とし込めていないのならば、結局は行動しなくなってしまいます。

たとえば、私の場合、外国人講師に英語で文章を作成してもらうことがあり、それを指示しないといけません。

この時「○○さんに依頼」という付せんの書き方は抽象的でNGです。

「サンプルを用意する」「テーマを選ぶ」「指示の詳細を決める」などといった準備があったうえで「○○さんに依頼メールを送る」というステップになるはずです。

「会議の準備」というものもNGで、会議室を予約したり、メンバーに連絡をしたり、資料を揃えたりと、具体的に落とし込んでいく必要があるのです。

**一段一段ハシゴを登ってゴールまでたどり着くようなイメージで、自分自身にその一段一段の細切れになった「やること」を把握させることが大事**なのです。

## 即行動に移せるかが基本

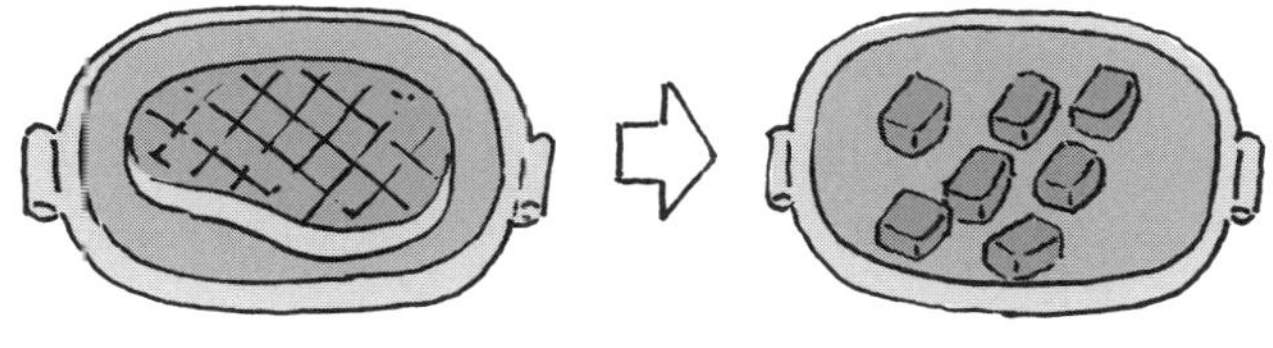

**そのままではなくて、**
**すぐに行動できる単位まで小さく分解する**

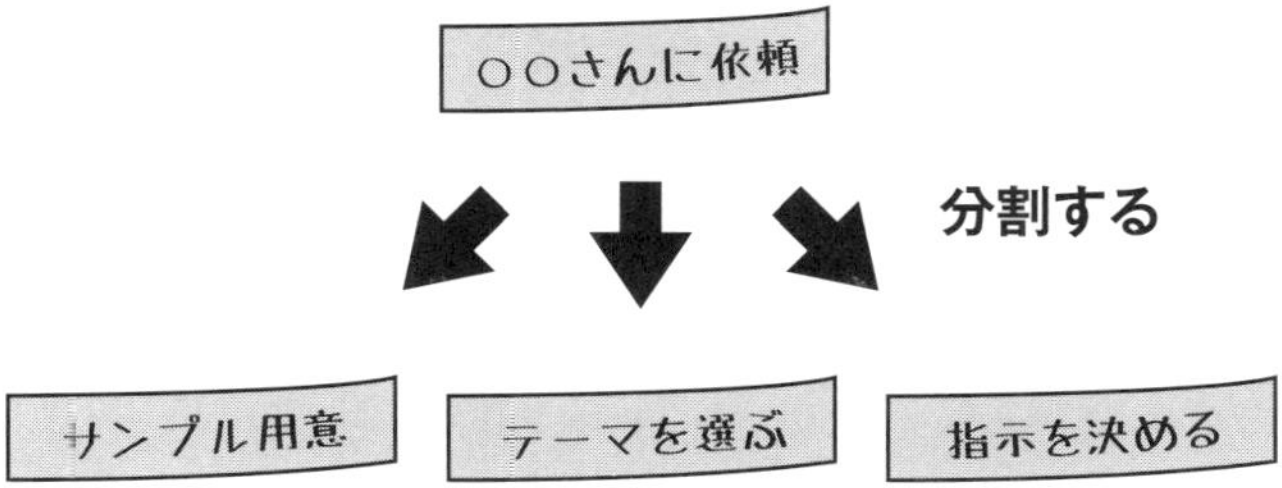


**やることを明確に把握することが大事**

# 17 suguyaru!

# メールも電話も固めて対応する

ずっとメーラーを開けたままにしていませんか。それだとあなたの集中力を阻害するものがあまりにも多く、仕事の効率は下がってしまいます。

断続的なメールチェックは効率を下げるだけですので、**「メールチェック」も付せんに書き出して、時間を決めて集中して取り組むようにしましょう。**

電話も同じです。せっかく集中して取り組んでいた仕事が電話の着信音で途切れてしまいます。大事な用件もあると思いますが、特に重要でもないものもたくさんあります。

そのため、メールと同じで、着信があったら固めてかけ直す時間を作ればいいのです。着信があった時点で、付せんに「田中さん電話」と書いておいて、今取り組んでいることが片づいたときにかけ直せばいいのです。

かけ直すとお金がかかってしまうと思うかもしれませんが、あなたの集中力は電話代よりも高くつくものですよ。

## メール&電話はまとめて対応する

**仕事に集中しているときに電話が来たら、付せんに書いておいて、後で対応する**

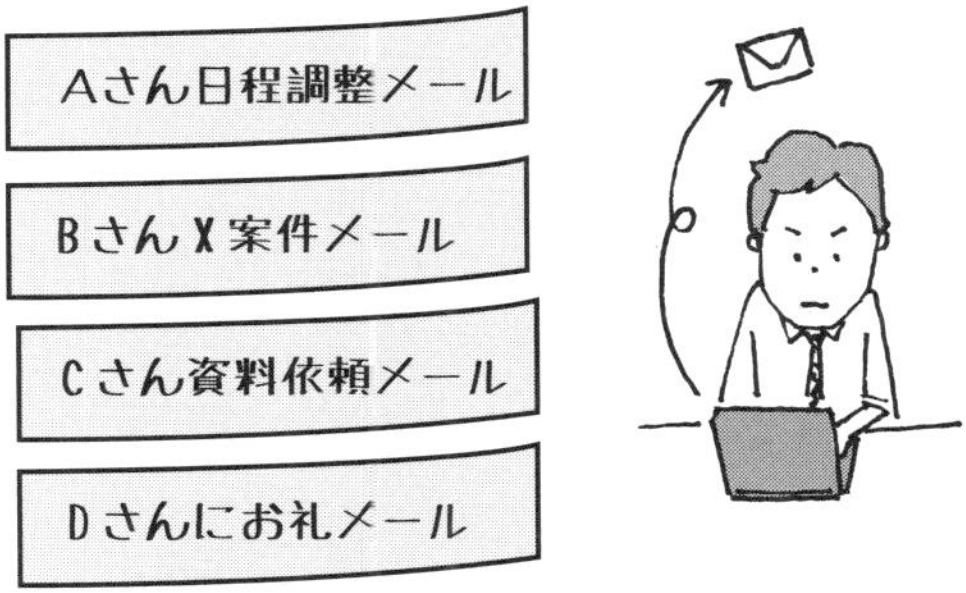


**バラバラに返信すると効率が悪いので付せんに書き出して、固めて送信する**

18
suguyaru!

# タスコンノートを習慣化するための4つのルール

## ●タスコンノートが手元にないときは？

「あ、そういえばこういうのも面白いな。1回調べてみよう」

こんなふうに混雑した電車のなかで、アイデアがひらめくときがあります。それか、何かアクションが必要なメールを受けとることだってあるでしょう。「あとで書類を送らないと」というケースだってあるはずです。

そのときにノートをとり出せればいいのですが、必ずしもそういう状況にあるわけではないと思います。そのようなときには、**自分宛にメールをしましょう。**私の場合はGmailでメールは全て管理しているので、自分宛にメールします。

そしてまた付せんやタスコンノートを使えるときに、メールから「やること」を書き起こせばいいのです。自分にメールをするときは、用件と期日を落とさないように入力しましょう。

## ●前倒しも考えよう

先ほどお話ししたように、日曜日に月曜日からのノートを作ってみるわけですが、スケジュール帳を見ると意外とアポや会議などの固まった予定が少なかったり、想定されるタスクがあまり多くない週もあるでしょう。

その場合は、翌週以降のタスクを見て、

「あ、これ前倒しで手をつけようか」

と思うものがあればどんどん前倒しして行けばいいでしょう。まずは予備スペースに付せんも放り込んでおいて、余裕があるときに実行に移していいと思います。

そしてその日の、他のタスクを書き出していって、このタイミングでやろうと思う場所に配置させていきます。

## ●付せんを見直す時間も設けよう

また、タスクを付せんに落とし込んだら、並び替えるときには本当に必要なタスクなのかも一緒に吟味しましょう。そもそも**重要度の低いものに時間をとられてしまっては、重要度の高いものに使うエネルギーも時間もなくなってしまいます。**

書き出したタスクを見直して、本当にやるべき価値があるものなのか、自分でなければいけないのかを見直してみましょう。誰かに頼んでやってもらうことで、自分の時間を確保し、より重要度の高いものに時間を使うことで、効率がうんとよくなります。

余計なタスクはバッサリと切り捨てることも、重要なことを「すぐやる」ためには欠かせないのです。

## ●移動中にこなせるタスクはないか

私はあえて各駅停車で移動することがあります。今でもそう。移動時間がその分、かかったとしてもあえて各駅停車で行くことがあります。

学生のときから、通学通勤はいつも各駅停車を使っていました。その理由は座れて仕事ができ、集中できるからというものでした。

また、私は今でも満員電車を極力避けて行動しています。満員電車はまずストレスであると知り、ゆったりと座れるスペースが確保できるよう、行動してみてはいかがでしょうか？

私の場合、地方への出張も多いのですが、飛行機で行けば1時間もかからないところを、あえて特急電車で3時間かけて移動することもあります。3時間と読めているから、「この3時間で、あれとこれとそれを片づけてしまう」といったふうに自分なりのテーマを設定して乗り込むので、かなり集中して取り組むことができるのです。

19

suguyaru!

# 勉強もこれでうまくいく

タスコンノートは誰にでも効果的なノート術だと確信しています。なぜなら、私が大学を受験するときからずっと使っているものだからです。

私は大学受験を控えたとき、私立大を目指すことをまず決めて、国語、英語、日本史の3教科の学力アップを目指しました。偏差値30台からのスタートだった私には得意な教科などなく、これらの科目をバランスよく学んでいかなければいけなかったのです。

そして、ここで重要なのが、3科目の勉強をするという単位では、アクションにはつながらないということ。具体的に、いつ（When）、何を（What）、どのように（How）、どの程度（How much）、しなければならないのかを具体的に理解することが重要でした。

たとえば、英語が苦手だからといっても、「英語の勉強をしよう」と考えるだけでは具体的ではありません。私大入試においては、リスニングもスピーキングもなかったし、ライティングで文章を書くことも必要ありません。

逆に、リーディングや文法、単語に絞って徹底的に取り組んでいく必要がありました。

そこで、「リーディングではこのテキストを使って、文法ではこのテキスト、単語はこのやり方で……」と何（What）を明確にしていきました。そして出てきたA、B、C、Dというテキストを一気にやるわけにはいかないので、章ごとかページごとに分けてどの程度（How much）を決めていったのです。

それは目安としては30分程度でできる単位に落とし込みました。それくらいが私たちの集中力にはいいからです。

１つひとつ付せんに書き込んでやっていくことで、念願の大学に合格できました。受験や資格試験を控えている方にもタスコンノートはオススメです。

# 第3章

# 1日5分で行動を加速させる！リフレクションノート

01

suguyaru!

# 先延ばしを撃退する小さな習慣

すぐやる人はいきなり完璧を目指しません。なぜなら、世の中のほとんどのものは、やってみなければわからないものばかりだからです。

皆さんもご存じの通り時代はすごいスピードで変化しています。昨日の正解は、今日の正解ではないかもしれません。今までうまくいっていたものが通用しないなんてことは本当によくあることなのです。

だから重要なのは、**いきなり正解を求めることよりも、とにかく行動をしてみること。そしてうまくいかなかったら、修正を加えて改善していきます。**これが遠回りなようで、一番の近道なのです。

ということは、行動も重要なのですが、いきなり行動して最高の結果を得るのはそもそも難しいわけです。

だからこそ日々改善をしていくこと。改善をするためのツールをしっかりと持つことが不可欠となるのです。

先延ばししたり、すぐに無気力になってしまう人は、その改善のためのツールを持っていないから、少しうまくいかなかったら「この方法は私に合わない」とか「もういいや」と言って、投げ出してしまいます。

一方、先延ばしをせずに、どんどん行動する人は、「思ったほどうまくいかなかったな。じゃあこう改善してみよう」というふうに、しっかりと改善案を持っているので、どんどん行動的になれるわけです。

もし、「私に合わない」と感じたら、「なぜそう思うのか」「何か改善できることはないのか」という視点を持ってみてはいかがでしょうか。じっくり考えてみて、本当に合わないのならば、やめてしまえばいいのです。

私の好きな言葉の一つに、

「勝ちに不思議の勝ちあり、負けに不思議の負けなし」

という言葉があります。うまくいかないことが多いものですが、うまくいかなかったことが問題なのではなくて、そこには必ず何かしらの原因があるというわけです。

その原因と向き合うことであなたはどんどん成長できますし、成長していくことであなたはより成果を出せる力を身につけることができるのです。

タスコンノートの項目でもお話ししましたが、行動に具体性がないと自分を動かすことは容易ではありません。うまくいかなかったときやうまくいったときでも、よりよい成果のために改善をくり返していくことが重要なのです。

そのために具体的な改善を自分で見つけ出していくシステムが必要で、それがこれからご紹介するリフレクションノートです。

## 行動に改善を加えていく

**自分を動かして改善を加える仕組みを持とう**

02
suguyaru!

# リフレクションノートとは

リフレクションとは省察のことで、簡単にいうと振り返りのことです。

私が学んだケンブリッジ大学の大学院の授業では、毎回このリフレクションについて口すっぱく指導されました。

行動は大事ですが、それをしっかりと振り返ることもまた同じく重要で、この振り返りがあるからこそ、自分を高めていくことができるのです。

それを私なりにノートに落とし込んだのがこのリフレクションノートで、基本的にはＰＤＣＡを回すことを主としています。

**1日5分の振り返りがモチベーションを上げる仕組み作りには最適です。**なぜＰＤＣＡなのかということですが、改善を重ねていくには最適なツールだからです。

## リフレクションノートとは

20XX/1/8

| Ⓓ | Ⓒ | Ⓐ | Ⓟ |
|---|---|---|---|
| 個人売上が目標を10%下回った | 客数の割に客単価が低かった | 一人一人への提案をもう少し強化する必要があると思う | 明日は、AとBをセットで使うことの効果をトークに入れてみる |
| ○○さんとの商談で話が思うように進まなかった | 自分に足りないのは雑談力だと思った | 色んな人と話をしてトレーニングする必要があると思う | 明日は、話し方教室を探してみよう |
| レッグプレスを60Kgで10回×3セット | この前は筋肉痛だったのに今回は効いている感じがしない | 負担が軽いのか or 器具の使い方がまちがっているのか | 明日、トレーナーさんに相談してみよう |

03
suguyaru!

# ＰＤＣＡについてもう一度整理しよう

もしあなたがＰＤＣＡについてしっかりと理解できているというならば、このパートは飛ばして次に進んでいただいてもかまいません。

しかし意外なことに、なんとなくは理解しているけれど、あまりそれを活かしきれていない人は少なくないように思います。

まずＰＤＣＡのＰはPlanのＰで、計画や仮説のことです。そしてＤはDoのＤで実行を指し、ＣはCheckのＣで、その行動から得た結果の検証、つまり気づきのことです。最後にＡはActionのＡでこれは改善策を表します。

たとえば、スポーツの場合もそうです。

試合前に相手のことを分析して、相手の弱点を見つけます。そしてその相手の弱点を中心に攻めることで勝とうという計画（Ｐ）を立てて、試合に臨みます。試合に臨んで相手の弱点を攻めることがここでは実行（Ｄ）ですね。

しかし、試合中、思ったほどそれがうまくいかず、計画していたような攻め方ができないことはよくあることです。そのときに、計画通りに試合を進めることができていないことに気づくのが、ＰＤＣＡのＣということです。

そしてここで重要なのは、作戦通りに相手を攻撃できていないと気づいた（Ｃ）ときに、いかに次の手を打つか、つまり改善策（Ａ）です。

特にサッカーや野球などのスポーツでは、試合展開に合わせて相手も作戦を変えてきます。そのときに、ずっと1つの作戦だけに執着するよりも、試合の流れのなかでいかに、冷静に状況を読んで、修正を加えていくかが重要となります。

まさにこれがＰＤＣＡなのです。そしてこの試合中にＰＤＣＡを的確に、そしてスピーディに回せるチームは強いものです。

美しいパスサッカーで有名なバルセロナでさえ、状況によってはパスサッカーを捨ててパワープレーをすることだってあるものです。

ビジネスでもそうです。

新しく開発した商品をオンラインショップで売るために、商品ページの作成を考えているとします。キャッチコピーや商品説明を考えて、掲載用の商品の写真を撮って、100点満点のページをいきなり作ることはやはり難しいものです。

これだったら売れるんじゃないかというキャッチコピーなどを考えて（P）、ページを作ってみる（D）。これで終わってしまうとまずいですね。

1日のページ訪問者数を確認して、どんな時間帯に、どういう検索ワードで、どういう属性の人がページに訪問していて、ということをアクセス解析を通して検証（C）して、もっと売上を上げるために何かできないか、問題点はないか、ということを改善案に落とし込んでいく（A）。

たとえば、仮定していたよりも多くの女性が関心を示していると検証の結果わかったら、ダラダラとした商品説明よりも、直感的に反応するような写真を掲載することに力を入れてみる。そうしたら、また結果を検証して、アクセス数は増えていないが、売上が伸びたということであれば、成約率が高まったと判断できます。

説明が長くなりましたが、ＰＤＣＡについて具体的な例を挙げて説明しました。このＰＤＣＡのサイクルをみなさんが日々の活動に活かすことができたならば、どんどん行動的になることができるようになります。

先ほども述べたように、うまくいかなかったときに検証をしないから、具体的な次の手がよくわからないのです。具体的に何をしていいかがわからないから、やる気が失せてしまうのです。

私たちは毎日、たくさんのアクションを起こしています。**失敗してしまうことが問題なのではなくて、そのまま放っておくことで、せっかくの成長の種、成功の種を無駄にしてしまうことが何よりももったいない**のです。

## 04 suguyaru!

# 日記をPDCAで書くフォーマット

日記を書いている人もいるかもしれません。今日はどんな1日だったのか、どんな取り組みをしたのか。そして、どう感じたのか、何が嬉しかったのか、何がうまくいかなかったのか。このようなことを中心に日記を書いていることでしょう。

今回私がご紹介するリフレクションノートはまさに日記のようなもの。日記よりも結果の検証を明確に意識できるものです。

先ほどのように、今日は何が起こったのか、つまりDをまず最初に書きます。次に気づき（C）を書きます。そして、その気づきからどんな改善策（A）が考えられるかを書いて、最後に「今すぐ自分にできることはないか？」という計画（P）を具体的に書くのです。

「じゃあこの流れを意識して日記を書けばいいのね」といったところで、なかなかうまく実践できる人は多くありません。そこで意識して書く必要がないようにノートにその仕組みを作ればいいのです。それが次に具体的に見ていくリフレクションノートです。

## リフレクションノートとは

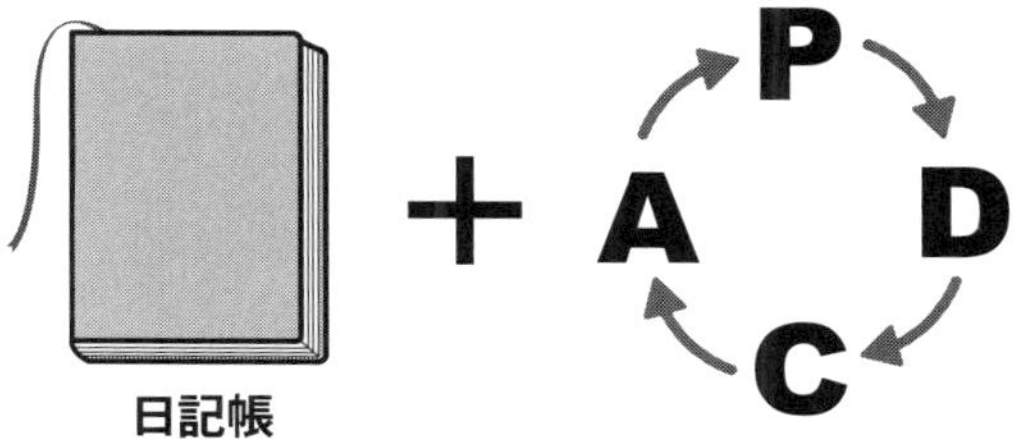


20XX/1/8

| Ⓓ | Ⓒ | Ⓐ | Ⓟ |
|---|---|---|---|
| 個人売上が目標を10％下回った | 客数の割に客単価が低かった | 一人一人への提案をもう少し強化する必要があると思う | 明日は、AとBをセットで使うことの効果をトークに入れてみる |
| ○○さんとの商談で話が思うように進まなかった | 自分に足りないのは雑談力だと思った | 色んな人と話をしてトレーニングする必要があると思う | 明日は、話し方教室を探してみよう |
| レッグプレスを60Kgで10回×3セット | この前は筋肉痛だったのに今回は効いている感じがしない | 負担が軽いのか or 器具の使い方がまちがっているのか | 明日は、トレーナーさんに相談してみよう |

起きた出来事を書く

気づきを書く

改善案を書く

今すぐできることを書く

05
suguyaru!

# あの企業が採用している経験学習モデル

このリフレクションノートは、アメリカの組織行動学者のデービッド・コルブが提唱した経験学習モデルにも近いものがあります。ヤフーでも採用されている人材育成における基礎モデルとも言えますが、経験学習モデルとは「具体的経験→内省（振り返る）→教訓を引き出す（持論化、概念化）→新しい状況への適用（持論・教訓を活かす）」というサイクルをたどりながら、人は経験から学ぶとしたものです。

リフレクションの重要性については本書でも強調していますが、**やりっぱなしにするか、きちんと振り返りをするかで、あなたの成長の度合いは大きく変わります。**そして成長を感じれば感じるほど、毎日が楽しくなってますます行動的になるのです。

もし、行動的になれないのならば、行動しなければならないと無理に追い込む必要はありません。今日という1日の出来事をじっくりと振り返る時間にしようと考えてみてはいかがでしょうか。

## コルブの経験学習モデル

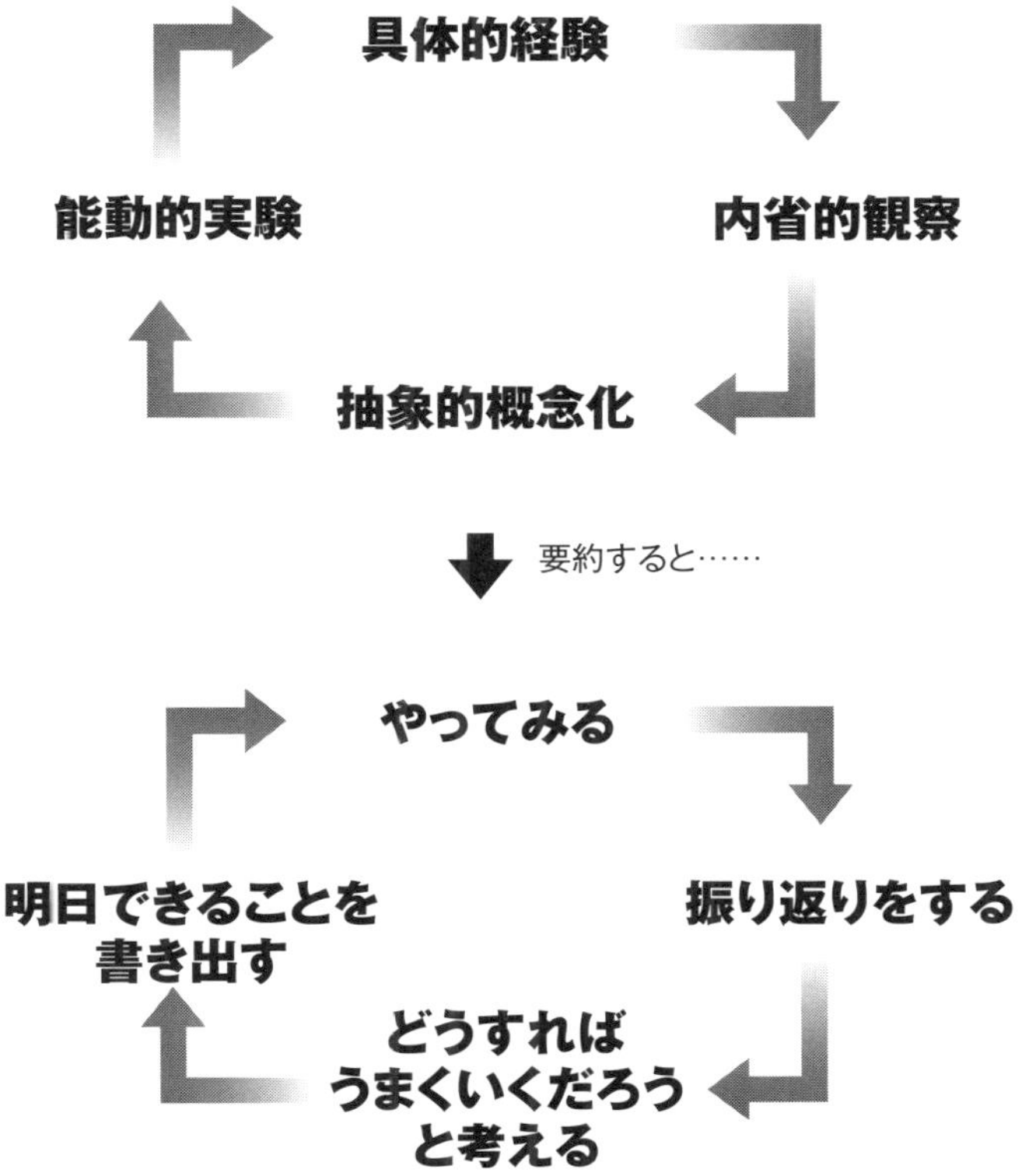

# 06 suguyaru!
# タスコンノートとリンクさせていく

リフレクションノートを活用するメリットはたくさんあります。

なかでも本書のテーマである先延ばしを撃退して、アクションをどんどん起こしていくという観点から言うと、タスコンノートとリンクさせて活用していくことで、かなり強力なツールを獲得したことになります。

つまりリフレクションの結果、**出てきた改善を具体的な行動に落とし込む作業が、その具体的な行動を付せんに落とし込んでいく作業にリンクするということ**なのです。

私はこのノートを日記がわりに続けることで、どんどん課題と改善策への意識が高まっていくので、脳が自然と活性化し始めました。行動するだけでなく、検証と改善への意識が高まるので、向上心が駆り立てられるのです。

常に振り返る思考習慣が身についていくので、やって終わりではなく、行動が行動を連れてくるようになるのです。

## タスコンノートとのリンク

### 「P」にはすぐやるべきことがある

20XX/1/8

| Ⓓ | Ⓒ | Ⓐ | Ⓟ |
|---|---|---|---|
| 個人売上が目標を10%下回った | 客数の割に客単価が低かった | 一人一人への提案をもう少し強化する必要があると思う | 明日は、AとBをセットで使うことの効果をトークに入れてみる |
| ○○さんとの商談で話が思うように進まなかった | 自分に足りないのは雑談力だと思った | 色んな人と話をしてトレーニングする必要があると思う | 明日は、話し方教室を探してみよう |
| レッグプレスを60Kgで10回×3セット | この前は筋肉痛だったのに今回は効いている感じがしない | 負担が軽いのか or 器具の使い方がまちがっているのか | 明日、トレーナーさんに相談してみよう |

### 付せんに落とし込む

### タスコンノートにそれを貼る

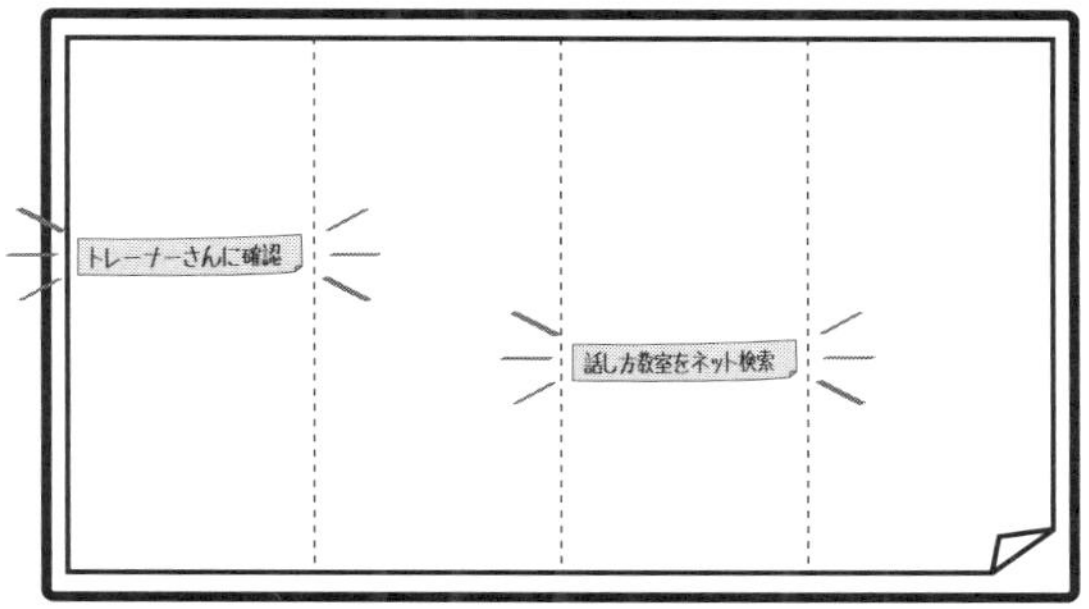

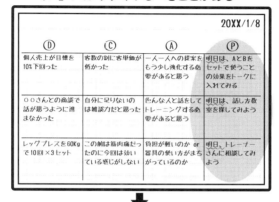

# 07
suguyaru!

# ノートとペンがあればすぐに始められる

用意するものはＡ５ノートとペンで十分です。

ノートの種類でのオススメは、無地ノートか方眼ノートです。

私は大学受験の頃から無地ノートを愛用しています。その理由は簡単で、線があるとそれにそって書かないとどこか気持ち悪く、自由に書かないと発想が制限されてしまうからです。私は無地ノートを使っていますが、自由に線を引ける方眼ノートが好きな人は方眼ノートでもいいでしょう。

また、サイズはＡ６のノートでも悪くはありませんが、リフレクションノートはどっしりとしたノートとして機能させたいので大きめがいいでしょう。大きいことで資料を貼ったりすることもできて、日々の活動の軌跡をしっかりと記録することができます。

Ａ６サイズは後述するトリガーノートなどに活躍します。

## リフレクションノートに必要なもの

### □ ノート

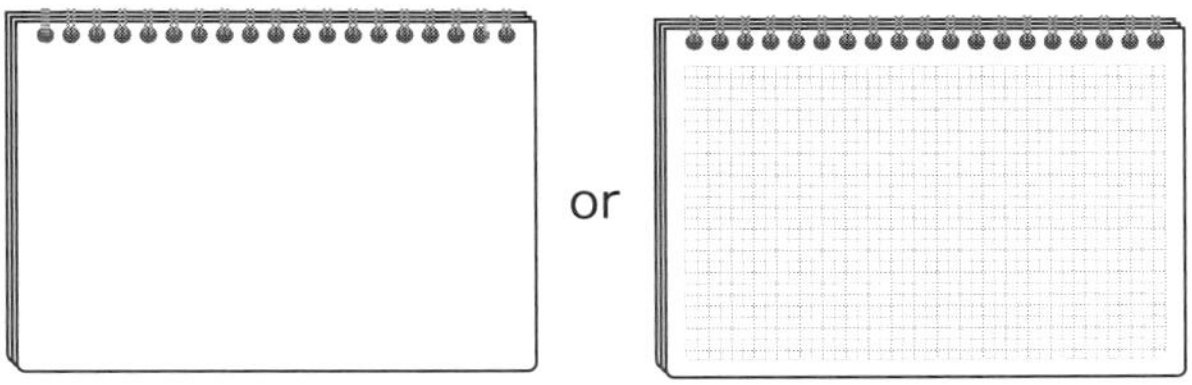

サイズはA5で、
無地ノートか、方眼ノートが望ましい

### □ ペン

お気に入りのペンが
あれば、それでもOK！

08

suguyaru!

# 2か月で1冊を目安に

リフレクションノートはまさに日々の活動の記録ですから、綴じ形式のノートをオススメします。私の場合はコクヨのA5ソフトリングノートを活用しています。

綴じ形式にしていくことで日々の活動を振り返ることができ、本当に日記のような役割も期待できます。1冊が80枚なので、それほどかさばることもなく、ちょうどいいのです。

ノートは基本的に1日1ページで使っていきます。私の場合は2か月で1冊のノートと決めています。80枚あるので、2か月分のページと何かの資料を一緒に貼っておきたい時とかは、その日の次のページに貼っておきます。たとえば、メモなどがそれにあたります。

そうすればまたいつか振り返るときに情報をとり出しやすくなります。

もちろん、リングノートでも全く問題ありません。リフレクションノートはしっかりと書き溜めていく、つまりストックが目的ですので、個人的にはリングノートが好みです。

## 2か月1冊のペースを守る

**2か月
1冊のペースを
きっちり守る**

**必要な
資料があれば
貼っておく**

**必要な資料の例**

- 打ち合わせでノートにメモしたもののコピー
- 読書して気になった箇所のコピー
- 新聞記事の切り抜き
- プリントアウトした写真
- トリガーノート（第６章で紹介）を切りとったもの、など

# 09 suguyaru!

# 月のはじめには目標を書こう

月のはじめには1ページを使って目標を書き込んでいきましょう。1冊が80枚で構成されているので、少なくとも2か月に1回はノートを切り替えることになります。2か月に1度は最低でも毎回目標の見直しを行うことができるのもポイントです。

ところで、目標を書いたままにしていませんか？

目標はずっといつも同じ場所にあって見直す機会がないと、どんどんその存在感は消えていってしまいます。そういう意味でも80枚あるノートを1日1ページ使って、資料をいくつか貼っていき、2か月で1冊を使い切ることが大事なのです。

2か月に1回ノートを新調して、そこに目標を自分の手で書き込む作業をすることで、気持ちを新たにすることができるのもこのノートの効能です。

## 月のはじめに目標を書き込む

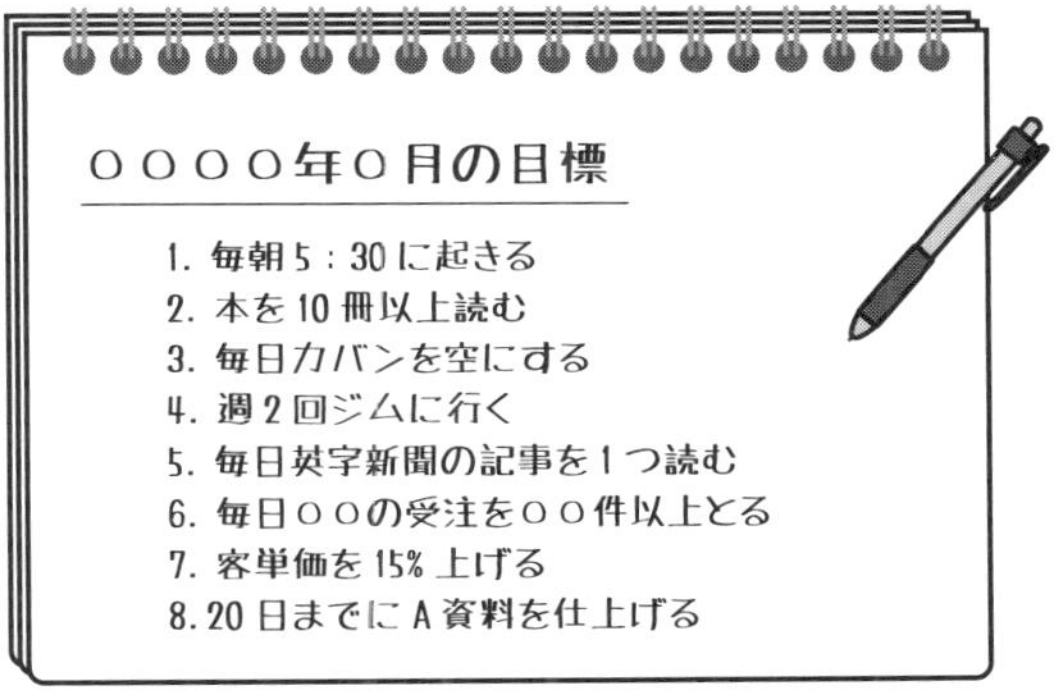
○○○○年○月の目標
1. 毎朝 5：30 に起きる
2. 本を 10 冊以上読む
3. 毎日カバンを空にする
4. 週 2 回ジムに行く
5. 毎日英字新聞の記事を 1 つ読む
6. 毎日○○の受注を○○件以上とる
7. 客単価を 15% 上げる
8. 20 日までに A 資料を仕上げる

### 目標を書くときは SMART を意識してみましょう

**S**pecific…………具体的か？

**M**easurable……数字を挙げているか？

**A**greed Upon…納得するものか？

**R**ealistic…………現実的か？

**T**imely……………期限が明確か？

10

suguyaru!

# 1日の行動を振り返りながらラクに書く

Ａ５の無地ノートか、方眼ノートを用意したら、横向きにして、１ページを縦に４等分になるように線を引きます。左から順にDo、Check、Action、Planと書き込んでいきます。

１日に２つか３つの出来事を振り返りながら、１つずつＤＣＡＰの順番でノートを埋めていきます。１つの出来事（Ｄ）に対してたくさんの改善策が思い浮かべば、その分スペースを大きくとることになりますので、最初から全て線を入れてしまわず、１つの出来事について書き出してから、次の出来事に移りましょう。場合によっては、１つの出来事のリフレクションだけで１ページを使ってしまうこともあるかもしれませんが、大事な出来事であればそれでいいでしょう。

とてもシンプルなのですが、行動力を高めるため、自分を成長させるためには、抜群の効果を発揮するノートです。日記をつけていた人も、これからはこちらのスタイルに変更することをオススメします。

## DCAPの順番で1つずつ埋めていく

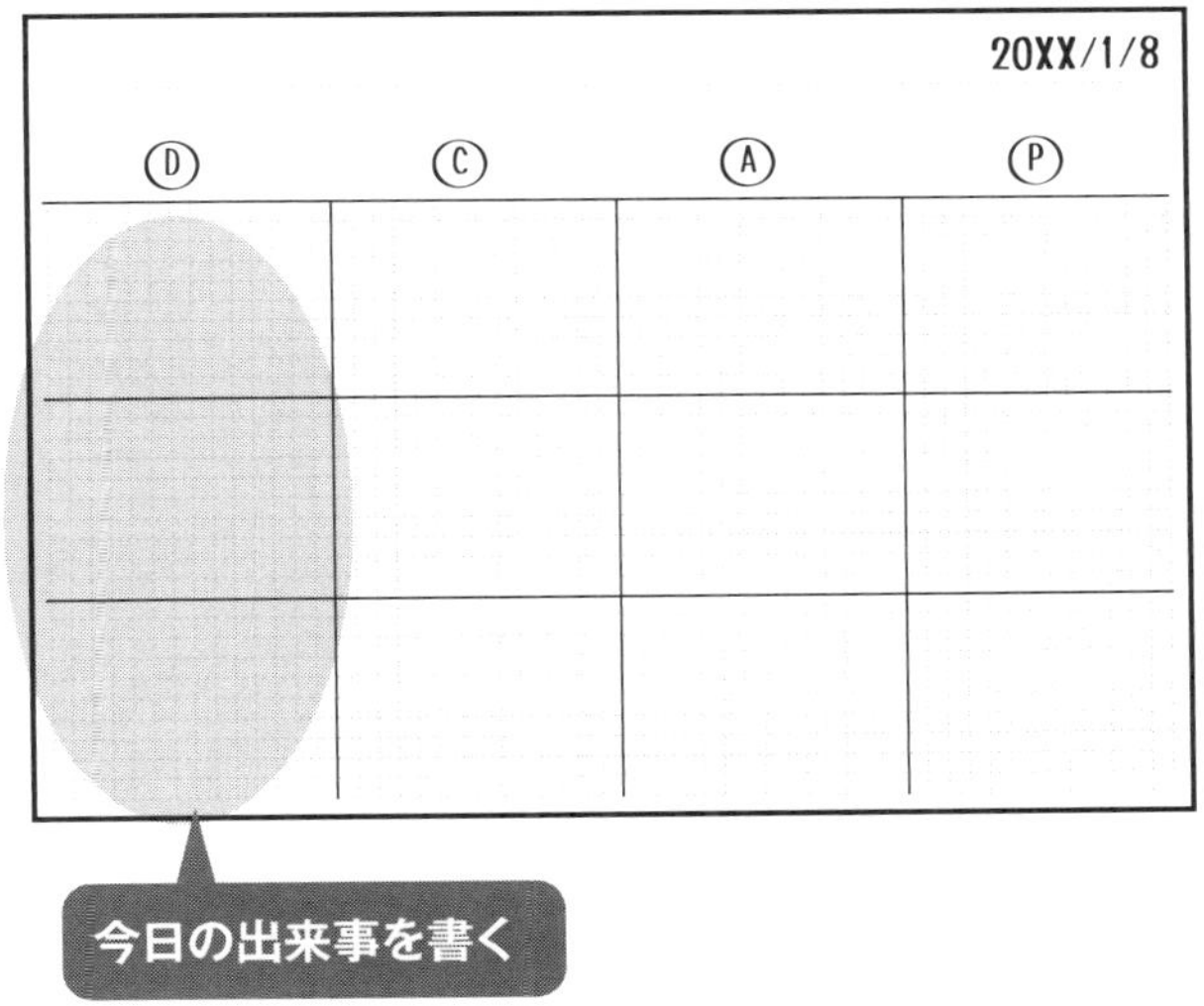


**3つのポイント**

### ① 5W1Hを意識して書く

### ② 具体的に書く
**振り返りの質が高まります！**

### ③ 個人的なことも含めて書く
**仕事だけにとらわれる必要はない！**

## 11 suguyaru!

# 複数のペンで行動を整理する

先ほどご紹介したタスコンノートとは違って、こちらはいろんな色のペンを使い分けるといいでしょう。

私の場合は特に強調したいものや自分に行動を促したいものは赤、ずっと頭に置いていきたいような内容は青としています。

**色はムードに影響を与えます。**赤は活力や情熱をイメージする色で行動力をかきたてる効果があります。バーゲンやセールの広告やポップに赤い文字が多いのは、赤を入れることで売上が20％前後も違うと、マーケティングの世界では言われているからなのです。つまり、買うという行動を促すことができるわけです。

また、イギリスのダラム大学のラッセル・ヒル教授とロバート・バートン教授の研究によると、着る服の色はアスリートのパフォーマンスに影響を与えるということです。

４つのスポーツ競技を研究した結果、赤色のユニフォームを着たほうがよりよいパフォーマンスを発揮するということがわかりました。つまり、赤い色がアスリートに活力を与えるということなのです。

赤ペンを使って、読書から仕入れた情報をどのように生活や仕事に活かすのかを行動ベースで書き込んでいく習慣をつければ、今以上に読書が効果を発揮することでしょう。

逆に、**青色は集中力を高める効果を持つ色**ですので、情報や勉強の内容をまとめたり、暗記したりするときには青いペンが効果的であると言われています。青色には心身を落ちつかせて集中力を助ける効果がありますので、単純作業などを行うときに集中力を保ちやすくなるということなのです。

つまり、行動力を高めるためには赤、思考の整理をするときには青を使い分けることでノートの効果を高めることができるのです。行動力の赤、思考整理の青のように、色は私たちにさまざまな影響を与えます。

## 12 suguyaru!

# DCAPを埋めていく

### ●まずはDoを書き込もう

今日という日を振り返ってみて、実行したことや起こったことをトップ3に絞り込んで書き込みましょう。

たしかに、1日に起こる出来事はたくさんあってトップ3を選ぶことは難しいかもしれませんが、人間の脳は一度に3つ程度の情報しか処理することができませんし、何より量より質が大事です。

それ以上の出来事を毎日振り返るとなると、心理的負担も大きくなります。それに、あなたにとっての重要な出来事は何か、何に重点を置いて取り組んでいるかを明確にすることができなくなってしまいます。

だから3つあれば十分です。時間がない人や慣れないうちは、その日で一番重要だったと感じたことで1つでもかまいません。なんでも取捨選択をしていくようにしましょう。欲張らず重要なものを中心に書いていけばいいのです。

そして何をしたのかについて書き込むDoのスペースは、具体性が何より重要です。誰と、何を、何回、のようにより具体的な活動の記録を書き込んでいきます。具体的であればあるほど、それ以降の検証（C）や改善（A）も具体的になるからです。

たとえば、「プレゼンをした」というのは漠然としすぎていますので、「A社で、30分、新商品Xについてプレゼンをした」と書き記します。そうすることで、そのシーンが鮮明に蘇ってきます。

ノートは誰に見せるものでもありません。自分を奮い立たせ、行動をする、そして成果を出すためのものです。

このように書いていくことで気づきが具体的になります。

「30分は当初予定していた通りなのか？」

「クライアントからの質問はなんだったか」

「どういう話をしているときに聞き入る人が多かったのか」

などといったことを回想する準備が整うわけです。

## ● 次にCheckで気づきを

今、ご説明したように、あなたの脳に気づきのスイッチを入れるためにも、Doをいかに具体的に書くかは重要なファクターになります。

次に重要なのは気づきや思ったこと、感じたことをどんどん書き出していくというフェーズです。

「ポイントの1つだと思っていたXXについて話しているときは、参加者があまり意欲的ではなかった。専門用語が少し多かったのかもしれない」

「予想通りY社の商品Zとの違いについての質問があった」

こういった気づきや感じたことをどんどんCの欄に書いていきます。

誰かに見てもらうための報告書ではないので、自分の言葉で素直に書くことが大事。飾らず、自然な言葉でといったほうがいいかもしれませんね。

頭のなかにあるものを全部吐き出すつもりで、どんなことも書き込みましょう。そうすることで、意外な気づきから思わぬアイデアが生まれることも、よくあります。

## ●Actionで改善策を

ここでは課題への改善策を考えるフェーズです。思いついた改善策をＡの欄にどんどん書いていきます。大事なのは、トライアンドエラーをくり返しながら質を高めていくことにあり、正解を求める必要はないということです。

完璧な答えを出そうとすると考えが萎縮してしまいます。だから「かもしれない」といった感じで、あなたが考え得る改善策を書き出していけばいいのです。

「Ａさんに尋ねてみたら詳しい情報が得られるかもしれない」

「もう少し的確に回答をまとめておけばよりスムーズかもしれない」

このような次の行動を生み出すための改善策を、どんどん思いつく限り書き出していくのです。

## ● Planで具体的に

次の一手を具体的にするフェーズです。明日何を試してみるかといった視点で、具体的な行動を考えてみることが、ここでのキーとなっています。

だからなるべく明日できる具体的な一手が望ましいのです。つまりここでの基準は「○○してみよう」ということです。

「明日、Aさんにメールを送る」
「明日、資料を修正する」
「明日、上司に○○について尋ねてみる」

そしてここで出てきた具体的な次の行動計画をタスコンノートとリンクさせて、付せんに落とし込んでいけば、行動が次の行動へと連鎖し始めます。

## １日５分が大きな差をうむ

20XX/1/8

| Ⓓ | Ⓒ | Ⓐ | Ⓟ |
|---|---|---|---|
| | | | |
| | | | |

A5ノートを横向きにしてまずは線を引く

20XX/1/8

| Ⓓ | Ⓒ | Ⓐ | Ⓟ |
|---|---|---|---|
| 個人売上が目標を10%下回った | 客数の割に客単価が低かった | 一人一人への提案をもう少し強化する必要があると思う | 明日はAとBをセットで使うことの効果をトークに入れてみる |
| | | | |

１日の行動を振り返って、気づいたことを書いていく

20XX/1/8

| Ⓓ | Ⓒ | Ⓐ | Ⓟ |
|---|---|---|---|
| 個人売上が目標を10%下回った | 客数の割に客単価が低かった | 一人一人への提案をもう少し強化する必要があると思う | 明日は、AとBをセットで使うことの効果をトークに入れてみる |
| ○○さんとの商談で話が思うように進まなかった | 自分に足りないのは雑談力だと思った | 色んな人と話をしてトレーニングする必要があると思う | 明日は、話し方教室を探してみよう |
| レッグプレスを60Kgで10回×3セット | この前は筋肉痛だったのに今回は効いている感じがしない | 負担が軽いのか or 器具の使い方がまちがっているのか | 明日は、トレーナーさんに相談してみよう |

必ずPには「明日は」と入れる

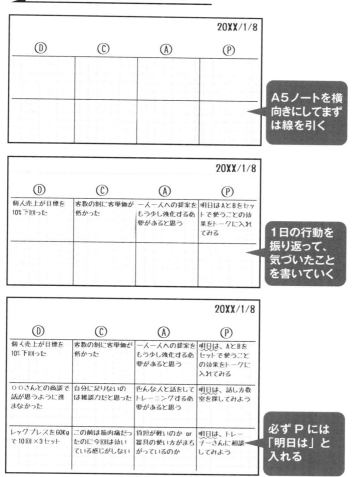

13
suguyaru!

# リフレクションノートは毎晩書く

これも鉄は熱いうちに打つほうがいいので、やはり**毎晩書く習慣を持ちたい**ものです。なかでも、寝る前に取り組むことが一番効果的です。一晩寝ると記憶が薄れてしまいますし、モチベーションの鮮度が落ちてしまうからです。

エビングハウスの忘却曲線はあまりにも有名ですので、特段ここで説明する必要はないと思いますが、簡単におさらいしておきましょう。ドイツの心理学者のヘルマン・エビングハウスが提唱した、人間の脳の「忘れるしくみ」を曲線で表したものです。

20分後には42％を忘却し、58％を保持していた。
1時間後には56％を忘却し、44％を保持していた。
1日後には74％を忘却し、26％を保持していた。

1週間後（7日間後）には77％を忘却し、23％を保持していた。
1ヶ月後（30日間後）には79％を忘却し、21％を保持していた。

この忘却曲線によると20分後には約40％のことを私たちは忘れてしまうもので、24時間後には4分の3も忘れてしまいます。だから思い出すことに費やすエネルギーとストレスを軽減させるために、その日中に見直しをしておくことが重要です。

**人間は忘れる生き物です。忘れることが正常で、なんでも一度で記憶できてしまうほうが異常、といってもおかしくありません。**

そのため、**「すぐやる人」たちは記憶ではなく記録に頼ることで、次の行動へのきっかけをつかんでいく**のです。

## 14 suguyaru!

# 受験や資格もリフレクションで

大学受験していた時から受験日記をつけていましたが、まさに流れはＤＣＡＰでした。

たとえば、

①Ｄ「参考書Ｘを15～20ページ取り組んだ」

②Ｃ「理解していたはずの仮定法があまりできなかった」

③Ａ「文法書をもう一度読み直してみるといいかも」

「もう少しレベルの低い問題集でもう一度復習してみてもいいかもしれない」

④Ｐ「文法書の仮定法のパートを復習する」

「問題集Ｂの53～60ページをもう一度取り組む」

などといったふうに、リフレクションノートのようにすることができるのです。

むやみやたらに突き進むのは得策とは言えません。むしろ勉強においてこそ、振り返りは重要です。勉強の肝は復習にあるからです。

私はこれまで５０００人の英語学習者をサポートしてきました。**すぐ伸びる人と伸びない人の違いは全て振り返り、簡単に言えば復習にあると思っています。伸びない人は前に進むことばかりを考えて、新しいことばかりに取り組んでいきます。**

たしかに、新しいことに手をつけることは誰だって楽しいし、前進している気分を味わうこともできるでしょう。

しかし、人間の脳はそもそも忘れるようにできています。復習をせずに前進することばかりを考えるのは、まさに「ザルで水をすくうようなもの」なのです。

よく、「たくさん勉強したのにすぐに忘れてしまう。私は記憶力が悪いんです」という相談をいただきますが、このような状態になっていないか、振り返る必要はあります。

くり返しますが、すぐに伸びる人は復習することの大切さを理解しています。

そして前に進むスピードを少し緩めてでも、学習したことをきちんと復習して、理解できていないところは前に戻ってでもやり直しをしています。何事もそうですが、きちんとした土台を築かないと、大きな家は建たないのです。

だからこそ、毎日、振り返る時間をとりましょう。振り返る時間にノートと向き合ってみてください。

「何がうまくいかなかったか」

「それを埋め合わせるためにどんなことができるだろうか」

「明日の行動として何に挑戦してみるだろうか」

そのようなことをノートに書き出していくのです。

1日5分のリフレクションが明日の行動を具体的にしてくれるので、きっとモチベーションが高くなるはずです。

# 第4章

# 打ち合わせ・会議・勉強会で役立つ！トリニティノート

# 01 suguyaru! ノートのとり方で「すぐやる力」を高める

ここまでは自分の時間や行動をマネジメントするためのノート術を見てきました。

一方で、会議や打ち合わせ、勉強会やセミナーなどに参加したときにもノートをとる人は多いのではないでしょうか？

ただそのノートを読み返したときに、何をしていいのか自分でも理解できなかったり、はたまた自分がなぜそれをメモしたのかわからないものがあったりしていませんか？

それではただただ座って話を聞いているだけの傍観者にすぎませんし、それではその時間が生産的なものにならず、終わってしまいます。

セミナーや勉強会だって同じでしょう。

「ああ、いい話聞いた」ということだけで終わらせてしまっては、学んだ知識も時間とともにどんどん風化していきます。話し合ったことや学んだことを実際に行動に移して、結果を出すためのステップにしていかないと、意味がないのです。全ては結果を出すためです。

**打ち合わせの後、あなたの頭のなかはすっきりとしていて、的確な行動にすぐ移せる準備はできているでしょうか？**

また、セミナーに参加したら、あなたは学んだことを行動に移せているでしょうか？　はたまた読書や勉強から得た知識を具体的な行動、そして成果につながっているでしょうか？

そうでないのならば、今すぐノートのとり方を見直していきましょう。

この章ではトリニティノート術を紹介します。

トリニティとは英語で三位一体のことです。つまり、ノートを3つのパートに分け、それぞれに機能を持たせることで、打ち合わせやセミナーを効果的に次のアクションにつなげていくことができるようになります。

02
suguyaru!

# A5無地ノートに全てまとめる

私は会議や打ち合わせ、勉強会では、A5のリング式の無地ノートを活用しています。**無地ノートは、自由度が高いというのが、何よりもの理由**です。

話を聞きながらマインドマップにして整理することもありますし、図を書くことだってあるからです。文字ばかりのノートは見返しづらかったり、言葉と言葉の関係性がわからなくなってしまうこともあります。図は、どんどん描き込んでいくといいでしょう。

なかでもお気に入りは、コクヨのソフトリングノートです。従来のノートだとリング部分が硬くて手に当たることがありますが、柔らかいので手に当たっても気になりません。

そしてソフトリングノートは切り離しが簡単にできるようにミシン線も入っているので、ページを切りとってリフレクションノートにそのまま貼ったりすることも、可能なのです。

打ち合わせごとにページは必ず変えてごちゃごちゃにならないようにしましょう。もともとリングノートを活用し始めた理由は、たとえば左ページにＡさんの打ち合わせ内容が書かれていると、Ｂさんと打ち合わせするときにＡさんとの打ち合わせ内容が見えてしまうことがあったからです。

もちろん差し支えのないものであればいいのですが、個人情報などが見えてしまうこともあります。私もたまに打ち合わせしている相手のノートが見えてしまうことがあって、あまりいい気がしないときがあります。

自分とのやりとりも他の人にも見られているのではないかと思ってしまいませんか？

リングノートの場合、その点も解消されるので、気になりません。

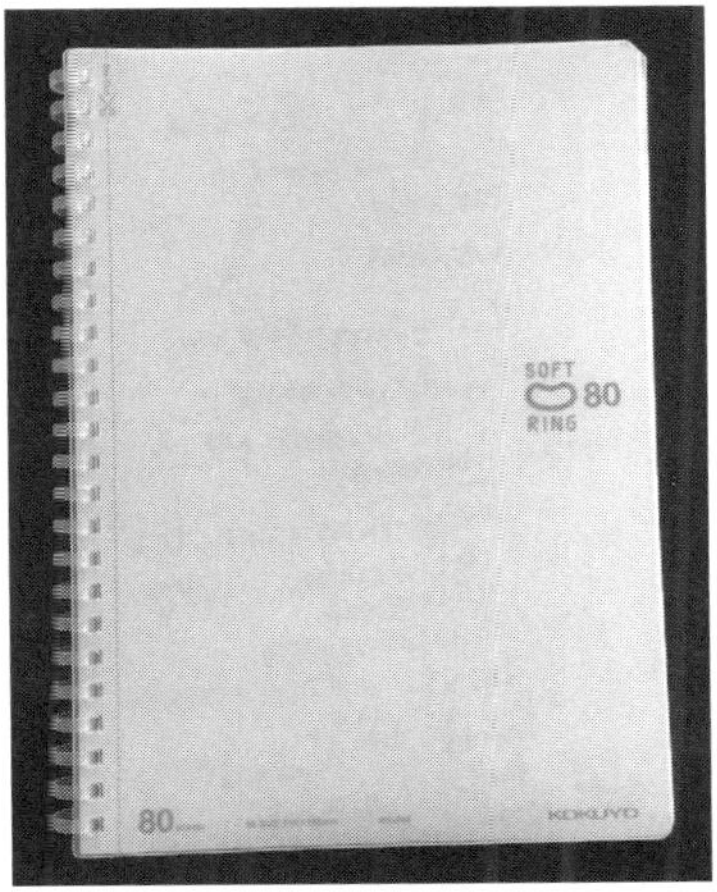

**コクヨのソフトリングノート**

・リングが柔らかく、手に当たっても気にならない
・切り離しができるので、そのままリフレクションノートに貼ることができる

## 03 suguyaru!

# ノートの左右で役割を変える

打ち合わせ用でノートを活用するときは、見開きで1つの案件を1ページに収めれば、ノートがすっきりします。**左を事前準備用、右側をノートにして使います。**左ページには相手の情報や、打ち合わせの目的、伝えるべきことや確認事項を書き込んでおきましょう。そうすれば質問や確認すべきことを聞き忘れることもありません。

そして右側を打ち合わせの途中で出てきたメモすべき内容をどんどん書き込んでいくようにします。右側のページの使い方としては、右3分の1くらいに縦線を引いておきます。左3分の2にメモをしていきながら、その都度出てきた疑問点や、気になるワードがあれば右3分の1に書き込んでいきます。

ノートには常に余白を設けておくことが重要です。後から見直してコメントを加筆したり、疑問が浮かんだらそこに書き込みます。なるべくたくさん詰め込もうとしてあとで見返したときによくわからないなんてことにならないように、常に余白を設けておきます。

## 打ち合わせ時のノート術

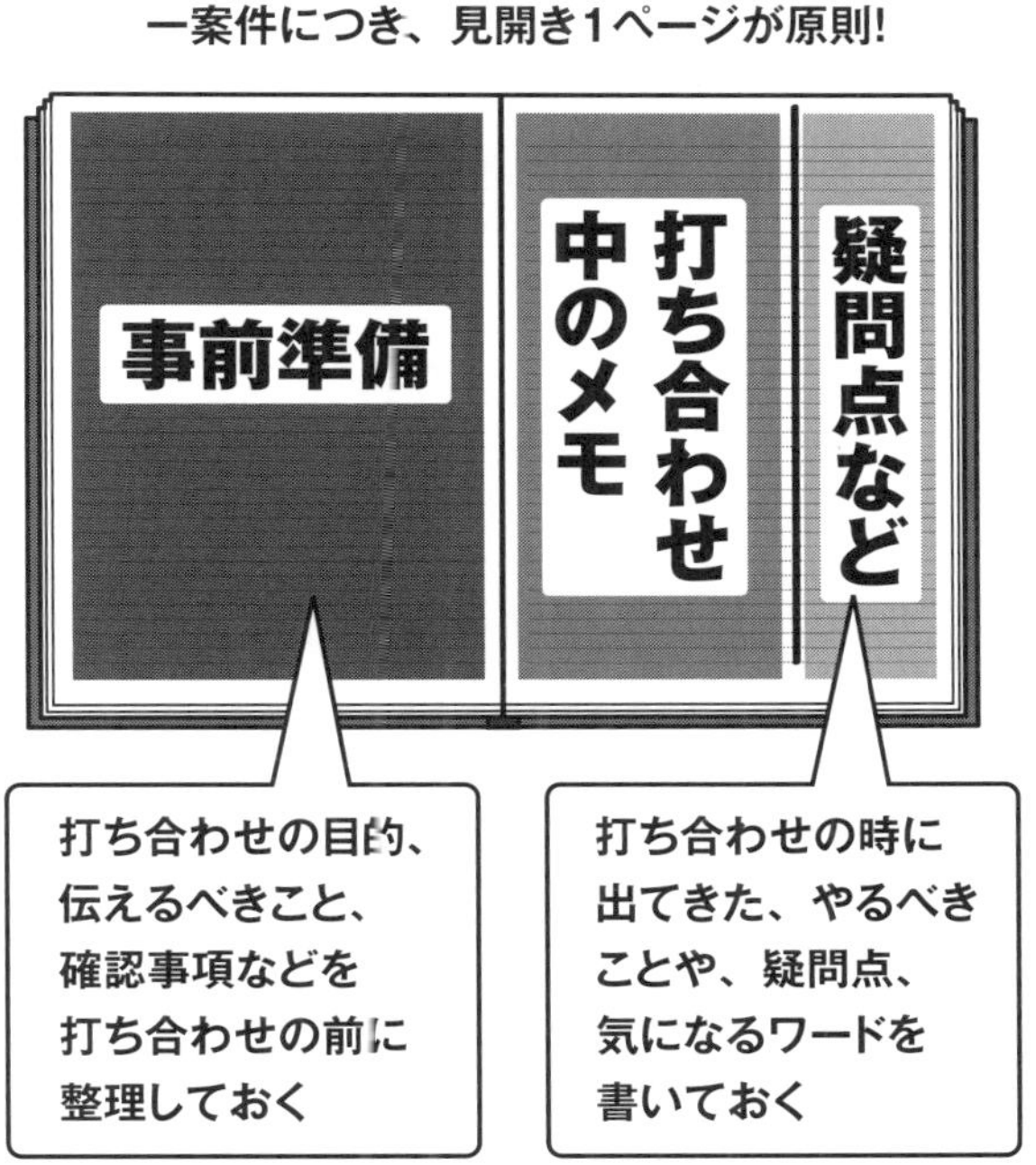
一案件につき、見開き1ページが原則!
事前準備
打ち合わせ中のメモ
疑問点など
打ち合わせの目的、伝えるべきこと、確認事項などを打ち合わせの前に整理しておく
打ち合わせの時に出てきた、やるべきことや、疑問点、気になるワードを書いておく

## 04
sugu yaru!

# 打ち合わせや会議は準備が9割

当たり前のことですが、打ち合わせや商談には相手がいることが前提となります。打ち合わせのとき、いきなりぶっつけ本番でノートを開いてはいけません。**打ち合わせやミーティングの効果を高めるためには事前準備がとても重要**です。簡単に言えば、はじめて会う人ならば、いかに下調べしておくかがキーとなるのです。

少なくとも私は誰かと会うまでに、相手の会社のホームページはもちろんのこと、ブログやＳＮＳ、場合によっては著作物などにも目を通します。

ホームページをささっと見て、「こんな仕事なのね」と表面的なことしか見ていなければ、話をするとすぐに相手に伝わってしまいます。そこは気をつけなければなりません。

理由は簡単で、相手も人間だから、です。誰でも関心を持ってもらうことは嬉しいものです。その反面、どうしても関心を持っているかどうかに、敏感になります。

そのため、特に相手が発信している情報で、話のネタになりそうなものを、まずはノートに書き出しておきます。

「あ、最近こういうものに興味を持っているんだな」

「こういうところに出張されたんだな」

そういったことをキーワードベースでいいので、ノートに小さく書き出してから打ち合わせに臨むのです。

結局のところ、仕事も人と人とのつながりであることに変わりません。相手にも日々の活動があったり、プライベートがあったりと、表面的では見えない部分というものが存在するわけです。

たとえば、相手から熱狂的に応援しているスポーツチームの話が出たら、その結果を少し調べてみます。そしてノートに軽くメモをしておいて、「そう言えば、最近調子いいですね」といった話をしてみます。こういった質問が全て仕事に直結するわけではないですが、いい関係性を築くにには、相手の関心事や発言を記録しておく必要があります。

あなたにも経験があるでしょう。会うたびに同じ質問をされることが。「その質問この前もされたよ」「全然自分に興味持ってくれてない」というふうに感じませんか？

聞くほうはそれとなく聞いていたことでも、相手はしっかりとそのことを覚えていたりするものです。

話を聞いていない人とはいい関係性を築きにくいものです。だから一見重要ではなさそうなことでも、相手がお話ししたことはメモをする習慣をつけてみませんか。

ラポール（rapport）とは、フランス語で「橋をかける」という意味で、心理学やＮＬＰで使われる言葉です。この場合、いい信頼関係をさします。相手にお願いごとをする前にはいかにラポールを築くかが重要なのです。

ほんの些細なことでかまいませんので、相手のこと、相手の事業のことについて事前に調べてノートに書き出しておきましょう。そうすることで相手との信頼関係を築きやすくなり、あなた自身も仕事を前に進めることができるようになります。

## 打ち合わせも準備が9割

ブログ
WEB
著作

**打ち合わせの前に
相手や会社のことを
調べておく**

こういうことに
興味を持って
いらっしゃるのね

**相手のことに興味・関心を持つ人は
信頼されやすい**

## 05
suguyaru!

# 事前に書き出しておくこととは

私はさまざまな業種の方とお会いして、さまざまな違ったテーマについて打ち合わせをすることが多いため、やはりいい準備というものが欠かせません。

特に仕事を進めるうえで、疑問点などの確認事項はしっかりと尋ねるようにしないと、打ち合わせのあとの行動が明確になりません。

たとえば、商談をするときにはファクトについて質問されることがよくあります。**数字のデータなどで質問される可能性があるものは、事前に準備してノートに書き込んでおけば、当然ながら商談もスムーズに進みます。**

それに、何より準備がしっかりできていると、相手からの信頼を勝ちとることができます。もちろん想定外の質問が出てくることもあると思いますので、その場合は改めて回答することになりますが、何を聞かれるのか、事前に考えておくことは重要です。

## ●質問や確認事項も書き出しておく

それに加えて、打ち合わせや商談の前には、確認したい項目や、質問はノートにあらかじめ書き出しておきましょう。

後から「すみません、先ほど聞きそびれたのですが」とばかり言っていては信用をなくしかねません。また、しっかりと話の流れを目的からずれてしまわないためでもあります。

特に話し下手の人は、相手のペースに巻き込まれて自分が伝えたかったことや、確認したいことを口にしないまま、その場を過ごしてしまった経験もあるでしょう。

それでは仕事をうまく前に進めることは難しいので、朝の時間帯に、その日のスケジュールを確認したら、しっかりと**その打ち合わせや商談がどのようになりそうかのシミュレーションを行うことが大事**です。

たとえば私の会社は、翻訳業務を受け持っていますが、翻訳と言っても単純に日本語を英語にしたり、英語を日本語にしたりという作業をすればいいというわけでは、決してありません。

外国人観光客向けのパンフレットの作成であれば、ターゲットの客層や現状の売れ行き、これからの展開などを伺ったうえで、ターゲットに届く言葉にしていかなければいけないのです。

そのため、打ち合わせをするときには、もちろん事前に既存の商品ページを下調べはしますが、口頭で確認したほうがいい質問事項はしっかりと書き出しておきます。

相手の要望などを具体的に、こちらが行動に落とし込める単位までに聞き出せることを何よりも目指さなければいけません。

「打ち合わせをしてなんとなく相手の要望や目標はわかったけど、自分たちがどうすればいいのか具体的にイメージできない」

これでは相手に貢献することは難しくなります。

朝にスケジュールを確認したら、ノートを開いてシミュレーションをしてみましょう。ノートを開いて、どんな質問をするといいか、不明点はないかなどを事前に把握しておくのです。そしてノートに書き出しておきましょう。

## 事前に書き出しておく

事前に調べたことを左ページに書く

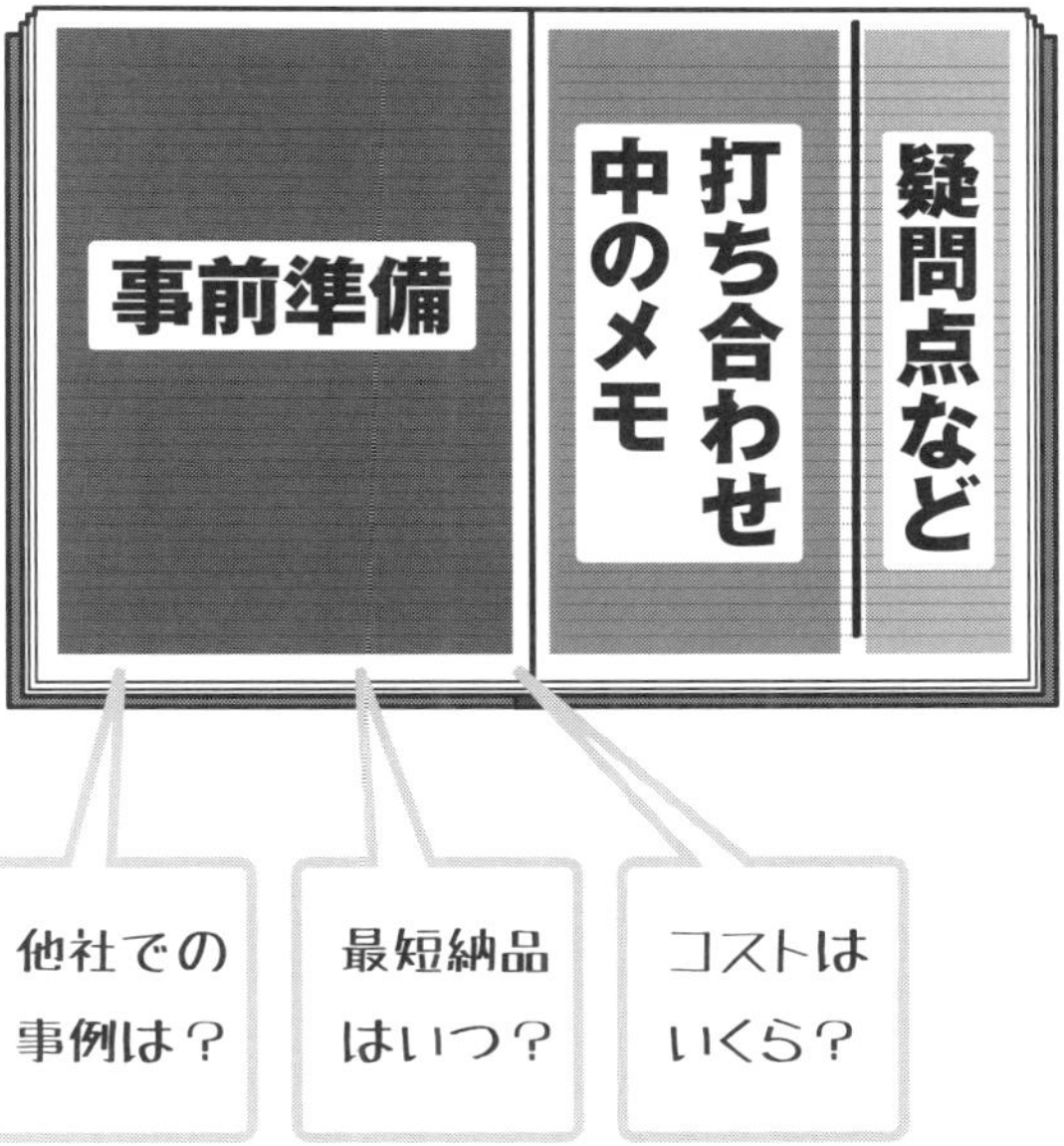


事前にシミュレーションをして、
聞かれそうなことを把握しておく

# 06
suguyaru!
# ささいなこともメモをする

打ち合わせや商談中のメモとりはとても大切だとわかっている人は、少なくないと思います。

さらに発展させて、**聞き出したい項目だけでなく、周辺情報についてもメモをしてみましょう。**

周辺情報とは、会話のなかで出てきた個人的なことや悩みなどです。

たとえば、「今度子供の卒業式があるんですけどね……」という会話が出てきたら、それをメモしておきます。次会うときにはそのメモを見直して、「卒業式いかがでしたか?」と尋ねてみます。「来週からニューヨークに出張なんですよ」と聞いたら、次に会ったときに「どうでしたか?」と質問をしてみます。

これだけで相手との距離は一気に近くなります。するといい関係を築いて仕事をしやすくなります。くり返しになりますが、誰でも自分のことを覚えていてくれるのはとても嬉しいのです。

すぐやる人というのは相手を巻き込むことがうまい人で、他人を巻き込んで行動を起こしていくためには、いい関係を構築することが不可欠です。そのためには業務に関係のあることや自分の関心のあることだけをメモしていても、いい関係を構築するチャンスを失ってしまいます。

業務に関係することは当然メモすると思いますが、それ以外の周辺情報をいかにおさえていくか、ということは同じく重要なのです。これも先ほどのラポールの話と同じで、いい関係性があると、たとえ今の提案がうまく仕事につながらなかったとしても、また別の機会に相手から仕事の依頼が来ることだってあるでしょう。

相手もあなたと同じ人であるということを常に忘れないようにしたいものですね。

07

suguyaru!

# 会議での発言もまずは書き出してみる

会議で発言する場合などは、さっとノートにポイントを書き出してからがいいでしょう。なぜなら、発言してもあまりにも話が長く、要点をうまく伝えられない人が少なくないからです。話が長くてイライラした経験、あるかもしれません。

ここで「うまく伝えられていないのでは」と感じる人に、ちょっとしたアドバイスを贈ります。

「結局自分は何が言いたいのか」という結論を述べてから、その説明を加えるようにしましょう。そうすることで聞き手もあなたの話を理解しやすくなります。すぐやる人の話は短いのです。

説明が下手な人は前置きが長かったり、細かいところから話してしまったりして、結論が話の最後に出てくることが多いのです。結論を意識して話すことで、聞く側は何が大切なのかわかります。

仕事をスムーズに進めるためには、他人をうまく動かす必要があります。相手を動かす、相手に自分の意見を的確に伝えるために、**「話はまとめてから伝える」**、これを鉄則としましょう。そのために伝えたいことを書き出してみるのです。

また、ポイントの書き方も大事です。

文章にしようとする人もいるが、そうではなく、３、４点のポイントを書き出すだけでいいでしょう。

文章にしてしまうと、話に詰まってしまったときに混乱が起こりやすいのです。そして、ポイントだけを挙げることで何より、言い忘れがなくなります。

私の場合は、**主張→理由という流れを意識して書き出します。**主張を書いたら矢印を引っ張って「なぜそう思うのか」の核となる言葉を書き出してから話すと、的確な発言ができるようになります。

# 08
suguyaru!
# 勉強会やセミナーはこのメソッドを

コーネル式ノートとは、アメリカのコーネル大学で、ウォルター・ポーク氏が1989年に考案したノート術のことです。元々は授業を効率よく学ぶために開発されたもので、私がケンブリッジ大学で学んでいたときもこのノート術が推奨されていました。その時から大学の授業などで活用するようになったことを覚えています。

コーネル式ノートは、ページを「ノート」「キーワード」「サマリー」の3つに分けて使います。ノート欄に板書などの授業の内容を書き込んでいって、復習するときにキーワード欄には重要なポイントを書き出していきます。最後にサマリー欄には要約を書いて学習を深めるものです。

**余白を残しておくことで、復習がしやすくなります。**復習はとても重要です。コーネルメソッドを使って授業を受けたら、重要な点はどこかを自分で考えますし、サマリー部分に要約して書き出すことで、理解が深まるはずです。

## コーネル式ノート

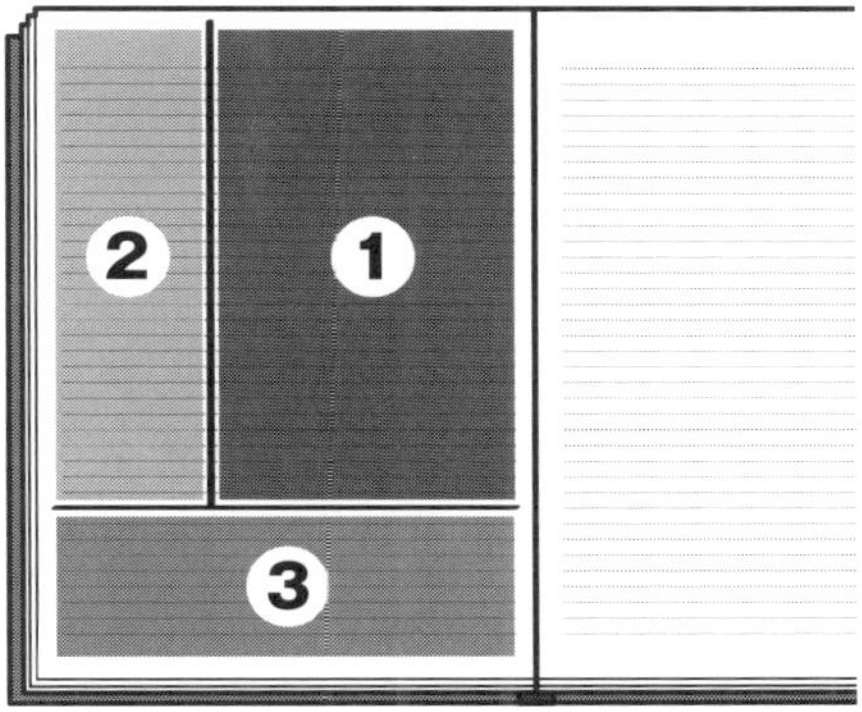


1 「ノート」
会議・打ち合わせの内容を書く

2 「キーワード」
キーワードや疑問点、やることを書く

3 「サマリー」
内容の要約を書く

## 09
suguyaru!

# 塚本式勉強ノートの応用

私は打ち合わせや会議、勉強会、セミナーではノートは1冊にまとめていますが、勉強会やセミナーに参加するときにはA5ノートを横向きにして使っています。図のように、下4分の1くらいに横線を引いて、右側4分の1くらいに縦線を引いておきます。

右のスペースは打ち合わせと同じで、疑問点や気になるワードが出てきたら、それを書き出しておきます。つまり、後で確認したいものがセミナー中に登場したらそこに書き込んでいって、セミナー後に質問します。

そうすることで、疑問点をすぐ解消することができますね。疑問に感じたことをそのまま放置しておくと、具体的なアクションにつながらなくなってしまいます。つまり**セミナー中に出てきた脳内のモヤモヤを書き出して、その場で解消するから、アクションにつなげることができる**ようになるのです。

## トリニティノート実践 ①

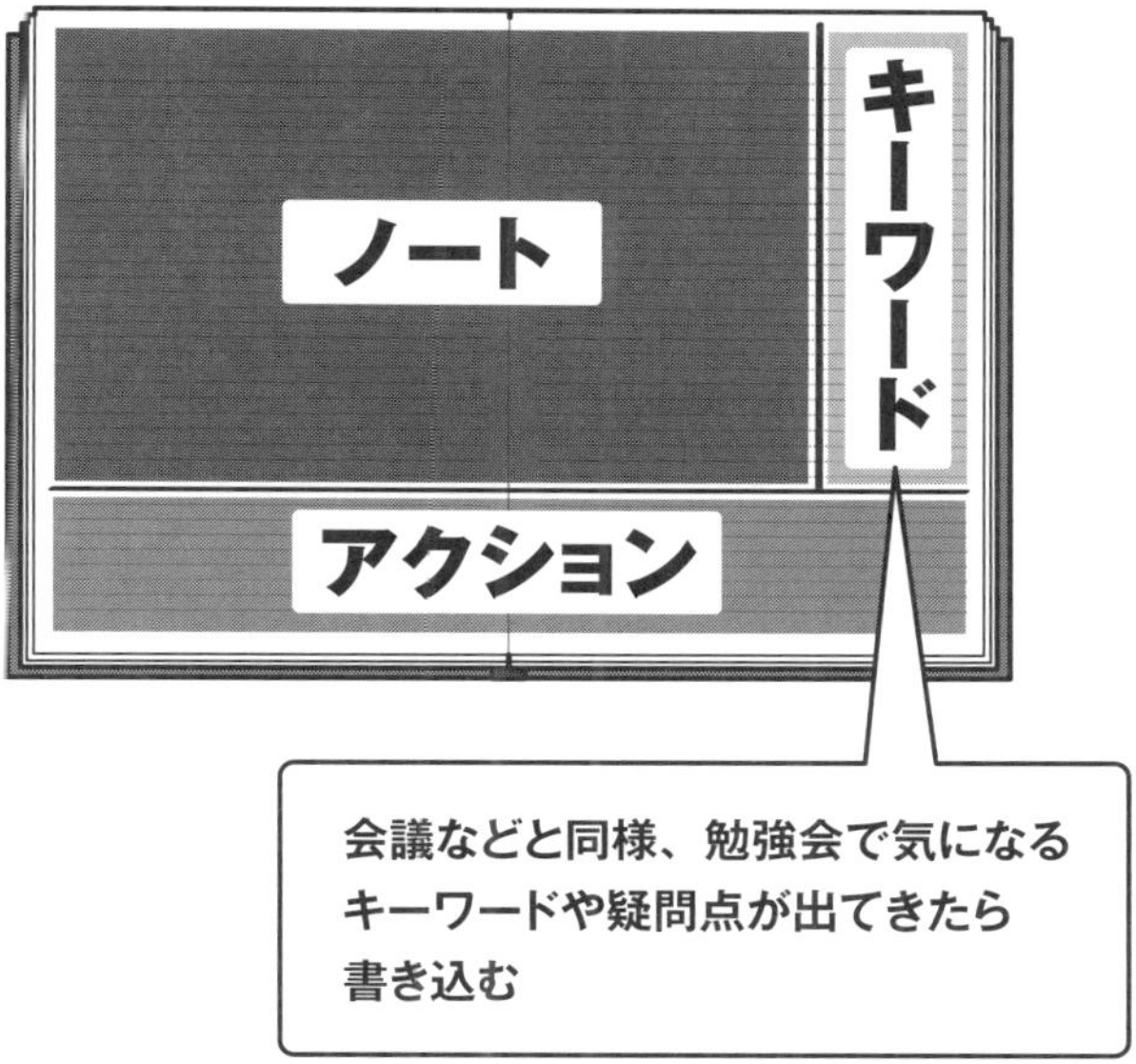
ノート
キーワード
アクション
会議などと同様、勉強会で気になるキーワードや疑問点が出てきたら書き込む

# 10 suguyaru!

# 具体的なアクション案に落とし込む

ノートの右側はセミナー中に浮かんだ疑問点に使うと説明しました。ノートの下部には何を書くかというと、「自分だったらこうすればいいかも」といったアクション案です。

セミナーというのは、講師の成功例や失敗例を聞くことでさまざまなことを学びます。ただ、忘れてはならないのは、自分のアクションを磨いていくために参加しているのです。

当然ながら、そのままマネできないものもあるでしょう。話を聞きながら、「自分の仕事に応用するならばどんなことができる？」という視点を常に持ちます。異業種の話でも、自分の業界ならば「こうしてみる？」「こんなふうに応用できるかも？」と感じたものは、下部にどんどん書いていきます。

そうすればノートを見直したときにアクションに移しやすくなります。**学びと行動のタイムラグを作らないようにすることが大事**です。それだけでもアクションは速くなっていきます。常にアウトプットを意識したインプットを心がけていきましょう。

## トリニティノート実践 ②

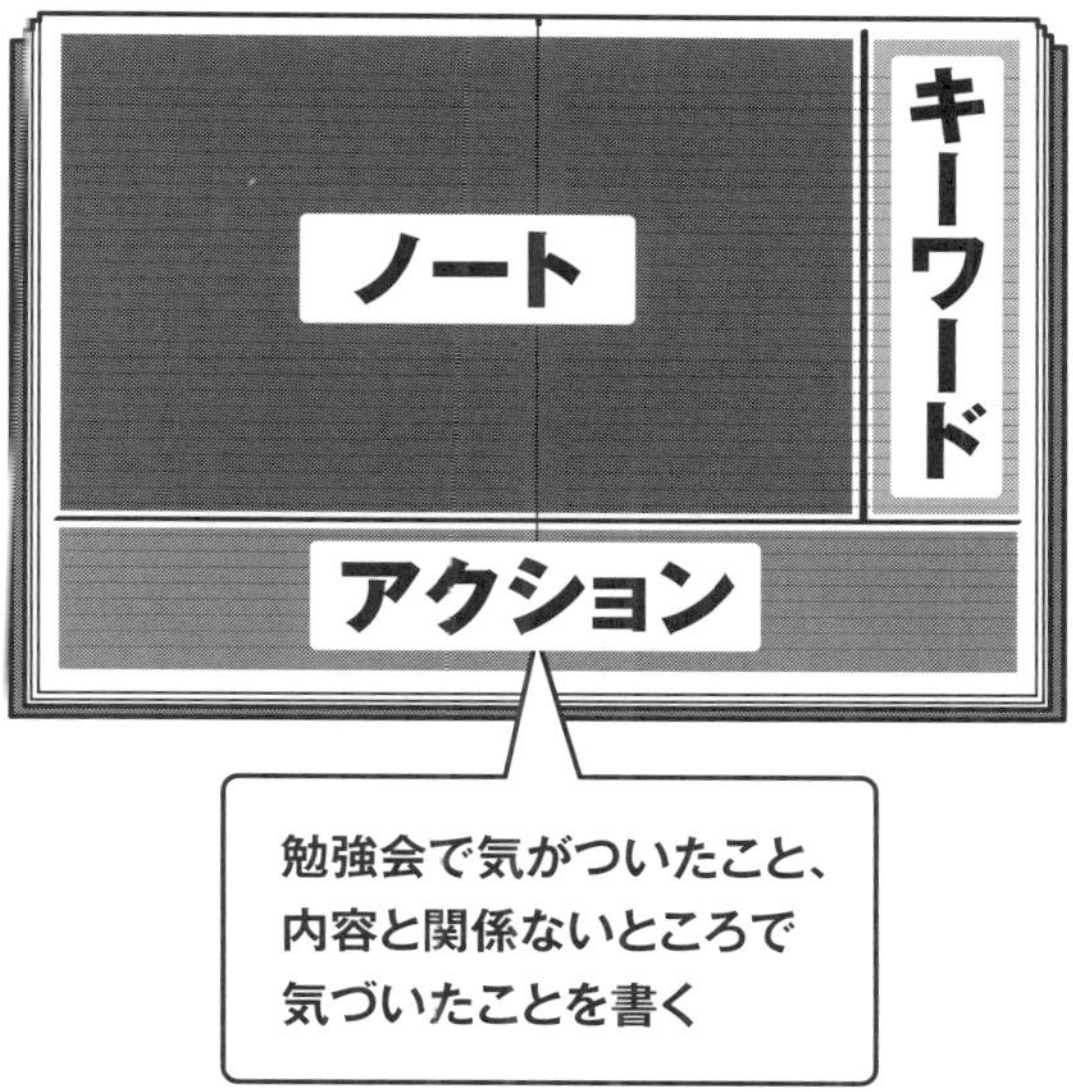
ノート
キーワード
アクション
勉強会で気がついたこと、
内容と関係ないところで
気づいたことを書く

# 11

# 自然な英語力を身につけるノートはこう作る

私が英語力を伸ばしたときのノート術もお話をしておきましょう。すぐやる人、成果を出す人は、先ほどのセミナーのノート術でもお伝えしたように、インプットからアウトプットが速いわけです。

というのも、後でまとめようと思っていると、そのうち忘れてしまいますから！

この項目では、とっておきのノートの作り方を紹介しましょう。

今は英語はコミュニケーションをとるうえで必要な時代です。発信力を身につけていかなければなりませんし、やはり表現力や語彙力というのはその人の教養を表します。

では自然な表現力を身につけるにはどうすればいいでしょうか？

**質のいい英語に触れて、それを真似するというのが一番**なのです。いい表現に出会わなければ、いい表現力は身につかないのです。

そして学んだことはすぐに使ってみてはじめて、学びがスキルに変わっていくのです。

その仕組みはノート1冊で作ることができます。

私の場合は、Ａ４サイズのノートを使って「英語ストックノート」というものも作りました。私の指導する生徒でもこれを毎日継続したことで、ぐんぐん英語力が伸びた人は数え切れないほどいます。

それではストックノートの作り方を見ていきましょう。

## ●ストックノートのページの使い方

ノートは見開きで使います。

左側にＢＢＣ（英国放送協会）などの英字新聞記事をプリントアウトして貼ります。プリントアウトしたものを貼るため、Ａ４ノートが最適です。

そして右側ページは下３分の１くらいに横線を引きます。そして上部３分の２は、その記事に出てきた単語や表現で覚えたいものを書き出して、意味を調べて例文も書き出します。

下部3分の1にはまとめや感想を書きます。

ここでポイントとなるのは、記事に登場した単語や表現を使って文章を書いてみるということです。つまり、記事から学んだ単語や表現を、すぐに文章で使ってみることで、学びをスキルに変えやすくなるのです。

頭で理解することと、できることは違います。

できることを増やしていくためには、学んだことをすぐに実践に落とし込む、これがここでも重要なのです。

いい文章に触れながら表現を吸収し、自分が使える表現へと発展させる仕組みを作れば、どんどん表現力が身についていく実感が得られます。

## 英語ストックノートのとり方

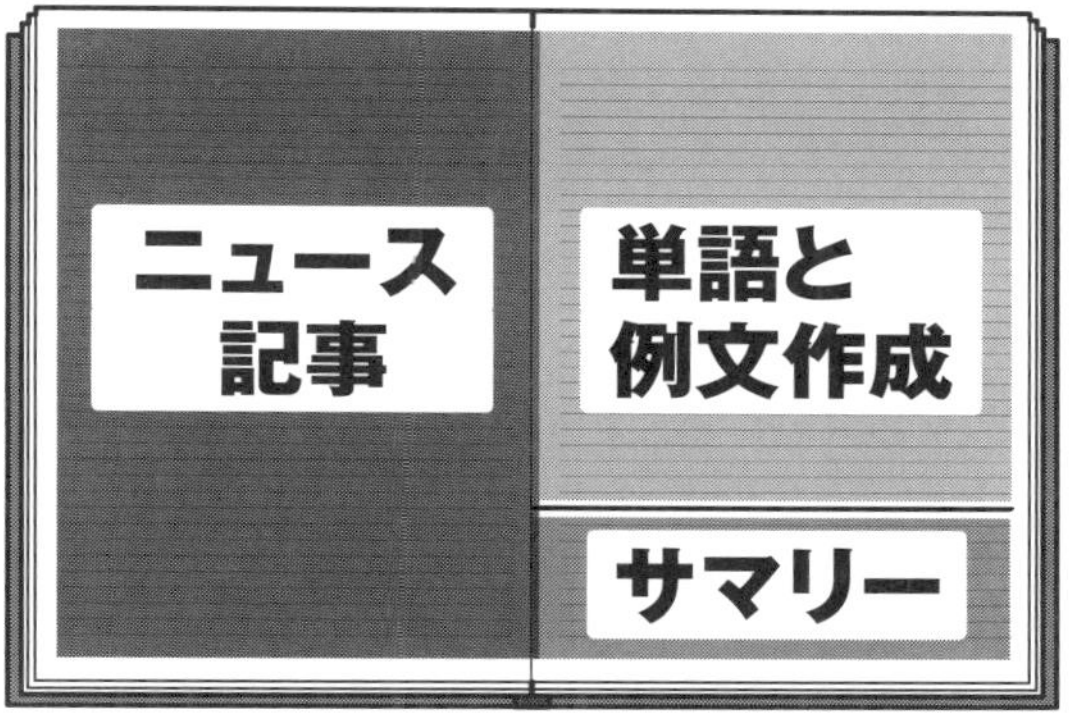


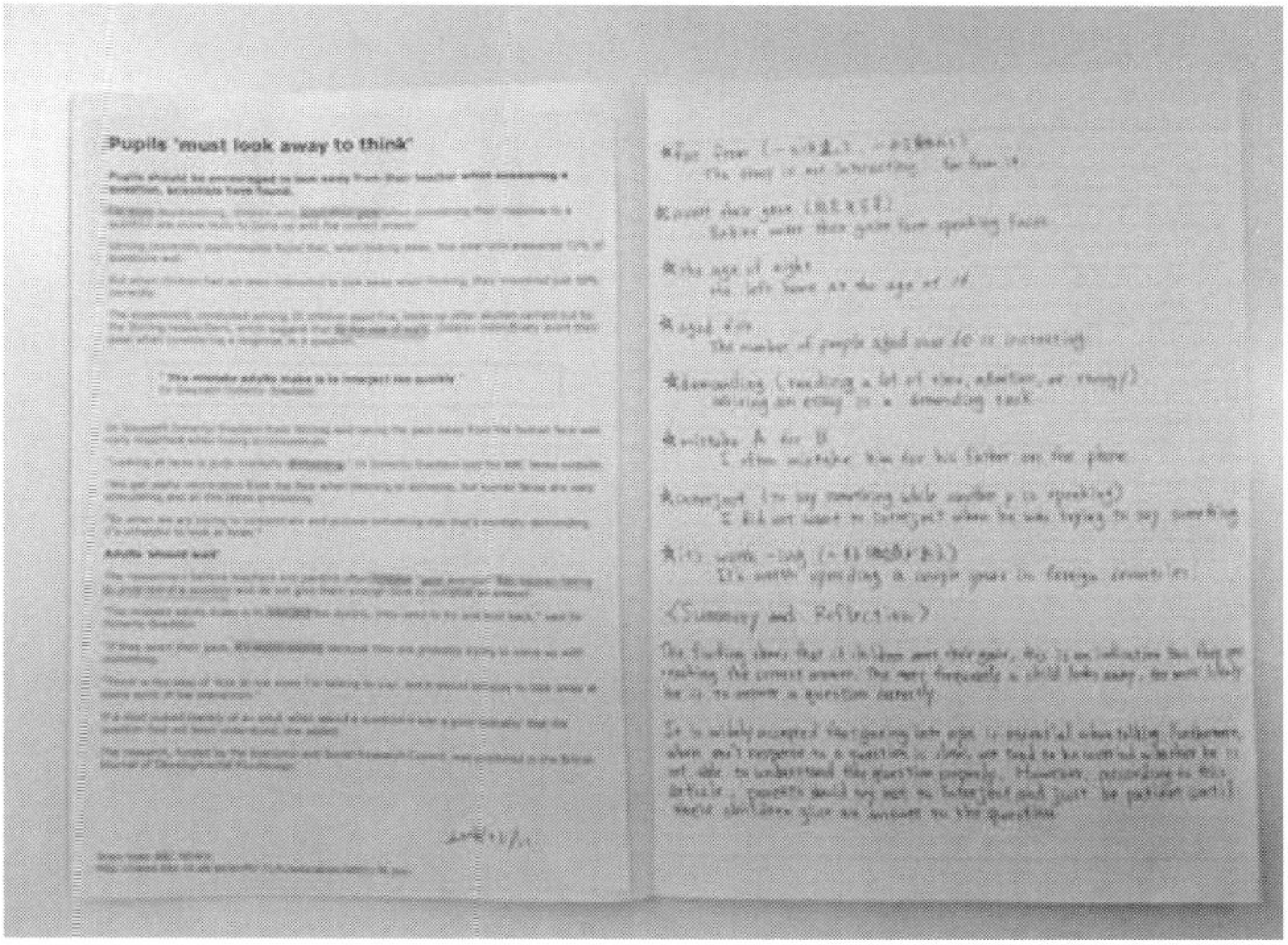

# 第5章

# モヤモヤを解消して
# 心を軽くする！
# クレンジングノート

01

suguyaru!

# 「モヤモヤ」もノートが解決してしまう

頭のなかや心がモヤモヤしているときは、何もしたくないと思うことでしょう。なぜかモヤモヤするけど、そのモヤモヤが何かわからないということもあるでしょう。

これは自然なことで、誰しも経験することです。

ここで重要なのは、そのモヤモヤを解消する方法を知っているかどうか、です。

私は大学生のときに心理学を学び、紙に思っていることを書き出す効果を知りました。それ以降、**頭のなかや心がモヤモヤするときは紙にどんどん書き出していくことを習慣づけています。**このノート術をクレンジングノートと呼んでいますが、書けば書くほど、頭のなかがスッキリしていく感覚を味わうことができます。

モヤモヤしたら相談すればいいと思うかもしれませんが、あまり他人に知られたくない時だってあるはずです。そんなときにノートを活用するといいわけです。自分と向き合って、思考を整理するためには、ノートが抜群の効果を発揮してくれるのです。

## モヤモヤしたらノートに書く

**モヤモヤもイライラも**
**ノートに書き出せば冷静になれる**

## 02
suguyaru!

# 書くことの効果は絶大

書くことの効果は心理学の多くの研究で証明されています。

たとえば、米テキサス大学のジェームズ・ペネベーカー教授は、自分の心のなかにあるものを15~20分間かけて自由に書くことで、感情は整理されて前向きになれるとしています。

ここでのポイントは非公開に書くということ。それによって心理的ストレスは軽減されていくのです。

また、ウォルト・ディズニーは新しいプロジェクトがスタートしたら、まず、壁一面に紙を張り出して「どうすればもっとプロジェクトはよくなるか」という質問を投げかけたそうです。その答えを社員全員に書き込んでもらうことで、社員の能力を引き出していきました。

考えるという作業は、考えているフリで時間が過ぎていくことも少なくありません。新しいアイデアを考えようとして、デスクについて腕組みをしてもよいアイデアが浮かばず、いたずらに時間を使ってしまった経験、ありませんか？

だから**アイデアを考え出すときには、どんどん書き出していく。**全世界で知らない人はいないあのディズニーのクリエイティビティを支えたものも書き出すということだったのです。

私たちがその手法をとり入れない手はありません。

あなたも、これからアイデアを考えるときには紙とペンを用意してから行うようにしましょう。

## 03 suguyaru!

# 抑え込むと負のスパイラルにはまるだけ

心理学者ウェグナーは「皮肉なリバウンド効果」と呼んでいるのですが、「考えてはいけない」と考えれば考えるほど、そのものについて考えてしまうのが人間なのです。

同様に、問題を抱えたときにそれから目をそらそうとすればするほど、心が重くなっていくことを経験した人も多いことでしょう。仕事で失敗したり、プライベートでつらいことがあったとき、そのことにフタをしようとすればするほどそのことを考えてしまう、ということは誰にでもある経験だと思います。

**感情を抑え込むことは、自分をどんどん追い込んでいくことに他なりません。**忘れたければ、忘れようと目をそらすのではなく、どんどん素直な気持ちを書き出していくこと。感情を言葉にして紡いでいく作業によって、心をどんどん軽くすることができますし、自分の感情を客観的に見ることすら、できるようになっていきます。

## 忘れたいことは抑え込まない

**「考えてはいけない」と思うほど、**
**そのことを考えてしまう**

**抑え込もうとするのではなく、**
**ノートに素直な感情を書き出すこと!**

## 04 suguyaru!

# 思考のトラップから抜け出す

もちろん、感情が整理されていないときだけに効果があるわけではありません。他には、思考が整理されていないときにも書き出すことが効果があるとされていますし、私自身もアイデアが煮詰まったときはどんどん書き出すようにしています。

資料を作るときもいきなりパワーポイントで資料作成するのではなく、まずはアウトラインを書き出してみることが大事です。

私はたくさんの大学や企業で講義や研修をおこなっていますが、いつも感じる大きな問題があります。それは論理的に考えを整理して、文字や言葉にすることに難しさを感じる人があまりにも多いということです。

私の場合は英語を教える機会が多いですが、英語以前の問題で思考の整理というものを苦手としてる人が非常に多いように感じるのです。そういう人はいきなり紙に文章を書き出したり、いきなり準備せずに行き当たりばったりで話を始めようとしてしまいます。準備なしにスタートするので、行き詰まって立ち往生してしまうのです。そして行動ができなくなってしまいます。

一方で、プレゼンや文章がうまい人というのは、まず紙にアイデアをシンプルに書き出し、そしてそれをまとめながら話す書くということを実践しています。

つまり、**思考を整理したいときは、まずは考えていることを書き出してみることが大事**です。

そのなかでつながりがあるものをどんどんつなげていって、いらないものを消すということをしてみましょう。脳内にあるアイデアもやはり文字にしてみることで、本当に必要なのか、そうでないのかということも、判断できるようになります。

思考が行き詰まってしまうときというのは、不必要なものや自分が苦手なものに自分を追い込んでしまっていることが多いのです。

だからそのような思考のトラップから抜け出すためには、必要でないものをどんどんカットしていくことが大事で、それは書き出すことでできるようになっているのです。

# 05
suguyaru!
# まずはA４一枚に書きなぐってみる

私がオススメする方法はＡ４一枚真っ白な紙を用意して頭のなかにあるもの、心のなかにあることを何も考えずにひたすら書きなぐるということです。

このときに体裁や言葉のつながりを考える必要はありません。とにかくひたすら思いついた言葉を紙に吐き出していく、そんなイメージで取り組むといいでしょう。

そしてもうこれ以上出てこないというときにその紙を見直して、情報をつなげたり消したりしながら整理していけばいいのです。文字を書いているうちに頭のなかが整理されていき、自分がいかに偏った考え方に囚われていたのかに気づくこともあります。

パソコンを使う一番大きなデメリットは、メールが気になってしまったり、気が散りやすいものが多い点です。集中して一気に書き出していくことが重要なときに気が散っては、脳内の整理は難しいのです。真っ白な紙1枚だけに向き合うと、自然とそこにしか意識が行かなくなります。

## 頭の中のものを書き出す

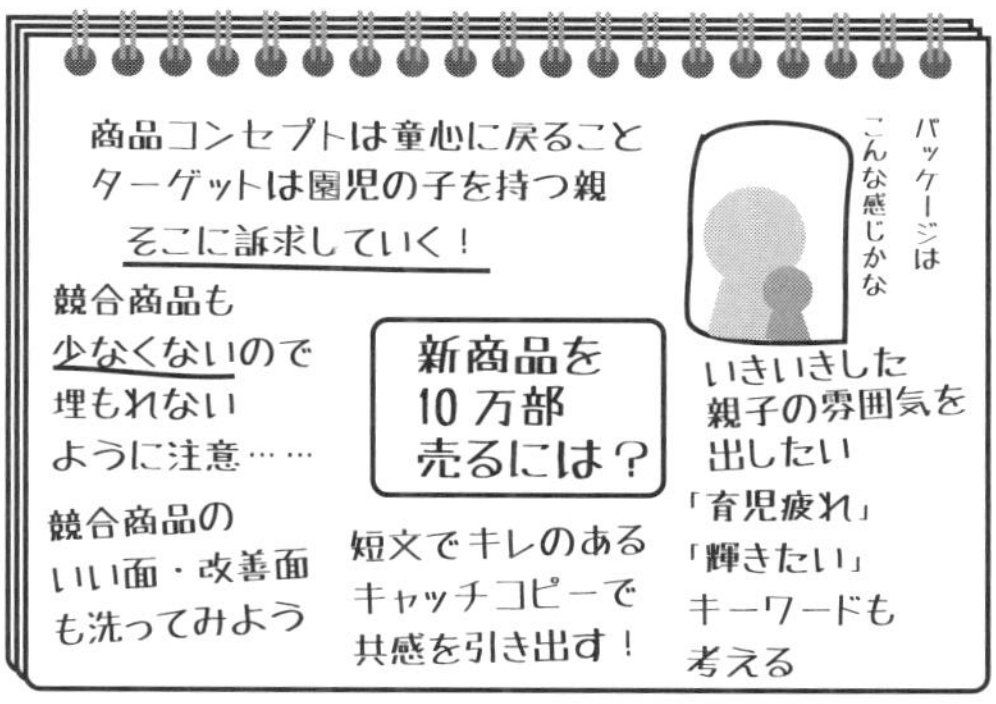


**書いてみることで**
**頭の中が整理され、アイデアが浮かぶ**

## 06
suguyaru!

# いい質問で脳のスイッチを入れる

私がオススメをしたいのはＡ４の用紙を横にして、１件１ページで書き込んでいくことです。Ａ４用紙の真ん中に、テーマをさっと書いて、あとは自由に書きたいところにどんどんと書いていきます。

先ほども言ったようにつながりや体裁は一切気にせず書きましょう。

**中央に書くテーマは、疑問文であると脳にスイッチが入れやすくなります。**テーマは基本的になんでもいいので、疑問文を書き出すことが大事です。

そのときに使えるのは「なぜ……なのか」「どうすれば……できるのか」「本当は……のか」「どんな……いいのか」「……のメリット・デメリットは」「もっと……には」といった言葉を使って、疑問を組み立てればいいのです。

## 疑問文をどんどん書き出す

(例)「なぜ心配なのか」
「なぜ企画が通らなかったのか」
「なぜうまくプレゼンできなかったのか」
「なぜこの前は○○がうまく進んだのか」
「どうすれば○○がうまく伝わるだろうか」
「もっと会議で発言するには」
「もっとミスを減らすためにできることは」
「どんな対策を練ればいいのか」
「本当はどんなふうに評価されたいか」
「本当はどうすれば○○がうまくいったのか」
「もっと仕事のスピードを速めるには」

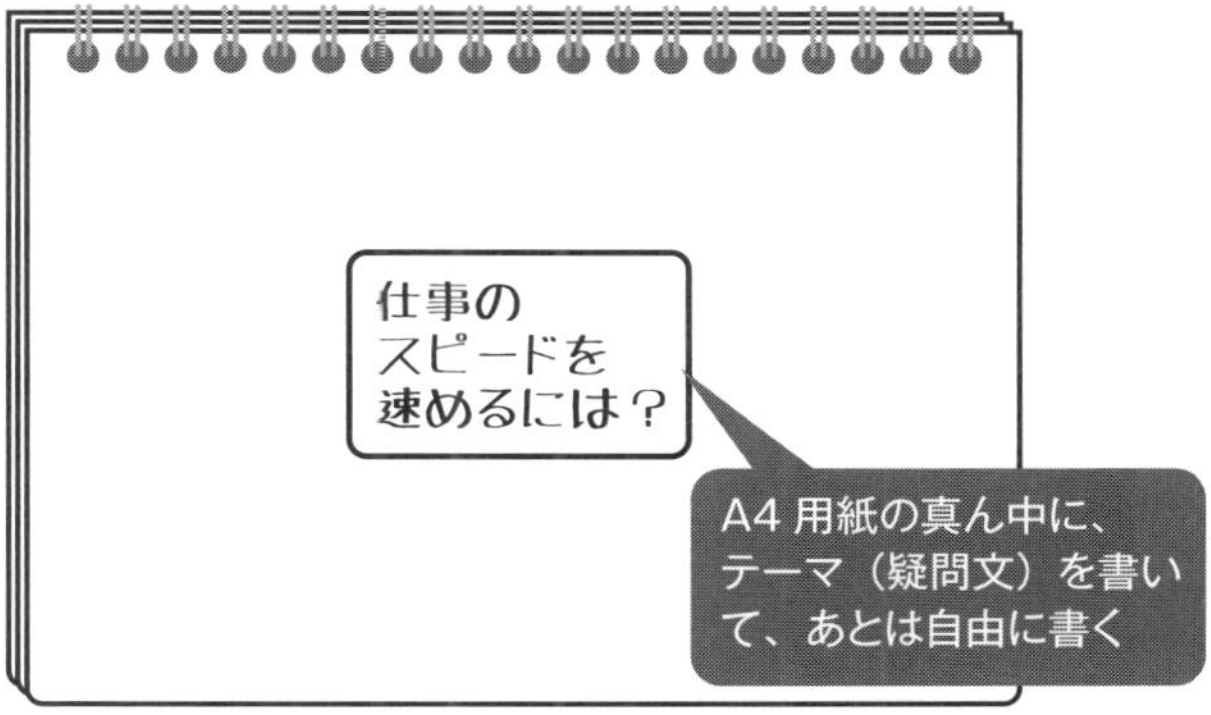

07
suguyaru!

# 「そもそも」に戻って考える

このノート作りの効能の1つは、私たちの凝り固まった考え方を崩すことにあります。私たちは、これまでの経験や知識から「～すべき」だとか「～することが当たり前だ」などという思考癖を持っています。

たしかに、こういう思考癖は何かを判断するうえでとても便利なものです。しかし、それによって必要のない考えや固定観念に縛られて、動けなくなってしまう原因にもなっています。

たとえば私の場合、仕事とはこうあるべきだという思考に縛られていた時期がありました。それまでにうまくいっていたという成功体験から、「これはこうすべきだ」という思考が染みついてしまっていたのです。

うまくいっていたはずの仕事が行き詰まってしまったときに、その原因を考えてみたのですが、それでもリカバリーすることは難しかったのです。問題点を見つけ、解消しなければ前には進めないという焦りが生まれて、それでもうまくいかないことに無気力を感じるようになっていました。

どうにか解消すべくあるとき、「なぜ、あの案件は行き詰まっているのか」と原因を探るために、Ａ４一枚に書き出してみることにしたのです。

すると、表面的な部分の問題ではなく「こうすべきだ」という根本にある思考が間違っていたことに気づきました。「そもそもそれでいいのか？」と、当たり前だと思っていたことに問題があったのです。

今は特に時代の流れが早いため、これまでの成功体験が通用しなくなっていることだってあります。行き詰まって身動きがとれなくなったときこそ、自分の深い部分にある考えを疑ってみること、それをノートのうえに書き出していくことで、どんどん解消されていく面もあります。

**行き詰まったときには、「本当にしなければならない？」ということを書き出して、考えて見るだけで凝り固まった考えをほぐすこともできます。**

# 08
sugu yaru!

# 言葉を選ぶと効果が半減する

誰かの目を気にしてしまうと、本当の感情を押し殺して、ちょっとばかり格好もつけてみたくなり、本心をさらけ出せないかもしれません。

書くときは絶対にかっこいい言葉を使ったり、自分を飾ってはいけません。他人に見られたらまずいような言葉で書いていいのです。

そもそも誰に見せる必要もないノートですし、何より頭と心のなかからもつれたものを素直に引っ張り出すことが重要だからです。自分のなかに浮かんでくる言葉をそのまま素直にどんどん紙にぶつけていくといったほうがいいかもしれません。

そこで**変に見栄をはったりして綺麗に書こうとしたら、絶対に自分の心の奥底までのぞき込むことはできなくなってしまいます。**書くときは息を止めて一気に頭のなかのものを吐き出すようなイメージで、自分の言葉というものを大切にしましょう。

## 飾らずにどんどん書き出す

**タイマーで3分と設定する**

↓

**言葉や体裁を気にせず、感情や考えを書き出す**

**時間制限を設ければ、集中力が高まり、モヤモヤを一気に解消できる**

# 09

sugu yaru!

# 大切なことがどんどん見えてくる

思いついたことをノートにどんどん書き出すことで、大切なことがどんどん見えるようになっていきます。なぜならば、モヤモヤとしたものを書き出していくと、自分で動かせるものと、自分では動かせないものが何かわかってくるからです。

不安になるあまり、行動力が低下してしまうことはよくあることですが、心配事のなかには自分にはどうしようもないことだって、あるものです。

当然ながら自分にはどうすることもできないことに、くよくよ心を悩ませていても仕方ありません。自分にできることにフォーカスするべきなのです。

**どんどん頭のなかにあることを言葉にしていくことで、自分のなかでの最大の関心事がはっきりとしてきます。**そうすることで、ちょっとしたことに悩む必要がないと客観的にとらえることができるようになります。結果的に頭のなかがすっきりと整理されていくことをあなたも感じるはずです。

## 悩みを書いて仕分けてみる

**悩みを自力で解決できるか、できないかに仕分ける**

悩み

| 自力で解決できる | 自力で解決できない |
| --- | --- |
| ↓ | ↓ |
| できることにだけ、フォーカスする! | 考えたり、悩むだけムダ! |

悩みのもとがわかれば、スッキリする

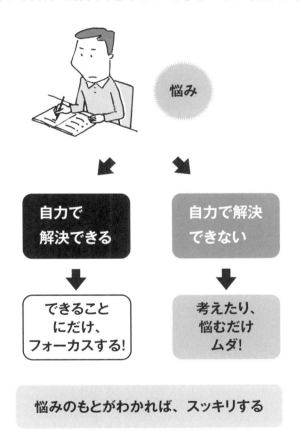

10

suguyaru!

# 自分にできることにフォーカスする

世の中には、自分の力が及ぶものと、そうでないものが存在します。なかでも私たちの悩みの多くの原因は対人関係からくるものです。

しかし、他人を変えようと必死になっても、それは極めて難しいものです。当然ながら動かせない岩を動かそうとくよくよしていても、そこで立ち往生してしまうだけなのです。そして、それは徒労にしか終わらないことをあなたも経験済みでしょう。

ならば自分の考え方を変えたほうがよほどラクです。動かぬ岩を無理やり動かそうとするより、その岩を避けて違うルートを探すほうがよほど早いのです。

悩みをどんどん書き出すことで、悩みの原因を見つけられるようになります。その原因を振り返ってみると、動かせない岩を動かそうとしていることに気づくでしょう。

もし、「動かせない岩」がモヤモヤの原因だとわかったら、**自分にできることは何かという問いを投げかければ、自分の視点が変わるので、すっと問題が解消されていきます。**

## 自分でできることは何か？

A部長とそりがあわないし、
うまくやっていける自信がない……
という悩みの場合

**自分でもできるもの**

(例)

「毎朝、率先してあいさつをしてみる」

「A部長の物の考え方を見つけてみる」

「ちょっとしたことでも相談してみる」

「言われた納期を前倒しして提出する」

「提出物は早めに提出する」

などなど。

**自分でできることは何か自問してみる**

# 11
suguyaru!

# 99%のアイデアと1%のひらめき

何かのアイデアを出すときは頭に浮かんだことをどんどん書き出していくわけですが、アイデアの出し方にもすぐやる人と、やろうとしても頓挫してしまう人の大きな違いが見られます。

すぐやれない人は、熟考に熟考を重ねて1つのアイデアを振り絞ることに力をかけようとします。いきなり質のいい1つのアイデアを掘り出そうとするのです。

しかし、これではうまくはいかず、なかなかダイヤの原石に出会うことなく頓挫してしまうでしょう。一方で、**すぐやる人は1つのアイデアを得るために100のアイデアを書き出して、99個を捨てるという覚悟を持っている**のです。

成果を出すということはボウリングのセンターピンを見つけることと似ています。ボウリングでストライクをとろうと思ったら、一番手前で真ん中にあるセンターピンにボールを当てることが重要だということは皆さんも知っているでしょう。

仕事や日常においてもそのセンターピン、つまり重要な鍵を握っているものをとらえていくことが大事なわけです。試験前には試験に出題されそうなものを頑張って暗記したのと同じです。

しかし、仕事や日常においてはボウリングのように、あらかじめセンターピンが何であるかはわからないことが多いものです。

そのためには、どんどん思いついたアイデアを書き出していって、それこそ１００個のアイデアを出して、そこから１つのセンターピンのようなアイデアを探し出すといったアプローチが重要となっていきます。

**結果的には捨てることになる99のアイデアがあったからこそ、1つの宝石の原石に出会うことができる**のです。

だから、アイデアを出すときはどんどんノートに書いていく。「こんなのはどうせ使わないや」と思わず、思いついたものはその時点では吟味せず書き出すことに集中する。これがダイヤの原石に出会う方法なのです。

# 第6章

# もっと
# 行動したくなる！
# トリガーノート

# 01 suguyaru!

# 思いついたらとにかくメモをする

私は常にA6サイズの小さいノートを携帯しています。このノートを私はトリガーノートと呼んでいます。トリガーとは銃の引き鉄のことですが、きっかけという意味もあります。

アイデアはふとした瞬間に頭に降ってくることがあります。探し物は探しているときには見つからなくても、ふとしたときに見つかることってよくありますよね。それと同じで、アイデアを出さないといけないときにこそアイデアは出ず、休憩中や外出したときなどに、ふとアイデアが浮かんできたりする。そういう経験はみなさんにもあるはずです。

**私たちは毎日たくさんの気づきを得ながら生きていますが、それをストックしていくことで新しいアイデアが生まれることがあります。**だから私はいつもA6ノートを携帯しながら、気づいたことや面白いと思ったことなどをストックしています。「あんなこともやってみたい」「このアイデアはこれにあれに応用できるかもしれない」などと書き留めます。

## 思いついたらとにかくメモ

**すぐにメモできるよう、ジャケットや
カバンにA6サイズのノートを準備**

# 02
suguyaru!

# すぐやる人はなぜいつもメモをするのか

先にエビングハウスの忘却曲線の話をしましたが、人間の脳というのは、覚えようとしたことでも20分後には42%のことが頭のなかから消えてしまいます。そのため、思いついたことや感じたことは即座に文字にするようにします。せっかくいいアイデアが浮かんでも、「あとでメモしよう」なんて思っているうちに気づいたら「あれ、何だったっけな」という経験をしたことがある人も少なくないでしょう。

買い物リストを作っておかないと「あれ買うの忘れた」と帰宅してから思い出すのと同じです。

「これ終わったらメモしておこう」という一瞬の隙に全てが流れていってしまいます。**アイデアというのは流星のようなもの**です。アイデアはもちろんそのままでは何の形にもならないので、行動に起こしていかないといけないわけですが、まずはメモをする、メモのストックを作っていくことが大切なのです。

## 常にメモをとる習慣を！

### ○ すぐにメモをする

### × 後でメモをする

## 03
suguyaru!

# 心に引っかかったものはなんでもメモをする

街を歩いていて面白いと思ったネーミングやキャッチコピーなどもメモします。

私は流行っているお店に行くことが好きです。当たり前のことですが、流行っているものにはその理由が必ずありますので、それを知りたいという好奇心がその好きの源泉です。

タクシーのなかから目にしたお店の名前だったり、美容室で読んだ雑誌で気になった言葉、面白いネーミングの商品、カフェで耳にした誰かの会話。私が心理学を学んだのは、社会は人が集まってできているものだからです。

日々、人が何に関心を持ち、何に悩んでいるのかなどに意識を向けることはたくさんのアイデアを与えてくれます。いい言葉だと思ったこともすかさずメモしておきます。**いいなと思ったり、面白いと感じたり、こんなのいいかもしれないと思いついたりしたときには、今やっていることをストップしてでも、メモをとる習慣をつけましょう。**

## 心に引っかかったらメモ!

**面白い、これいいなは、**
**すぐにメモしておこう!**

04
suguyaru!

# 好奇心が行動を刺激する

面白いアイデアを思いつくと、試してみたくて仕方がなくなり、行動も自然と速くなります。そしてメモをとることが習慣になってくると、**どこにいても、何をしていてもアンテナが立っているような状態になります。**面白いネタがストックされていくので、感覚がよりオープンになって、つまりアイデアがどんどん浮かぶようになっていきます。

子供の頃に誰もが持っていた好奇心は、大人になるとどんどん経験というフィルターによって失われていくことが多くあります。

放っておくと、脳は閉鎖的で排他的になってしまいます。それではいいアイデアは浮かばないし、新しいチャレンジにも億劫になってしまいます。なんでも気になったものをメモする習慣を持つだけで、好奇心を刺激できる仕組みを持てるようになります。

私はマイケル・ジョーダンの

「９０００回以上シュートを外し、３００試合に敗れ、決勝シュートを任されて26回も外した。人生で何度も何度も失敗してきた。だから私は成功した」

という名言を大切にしていますが、行動しなければ成功を手にすることはできません。しかし、行動すると失敗することもありますし、うまくいくこともあります。だから、面白いと思ったことはちょっと試してみればいいのです。うまくいけばもっと大きなチャレンジにすればいいし、うまくいかなければ改善点を考えたり、そもそもの必要性を考えてみれば、次の行動につながっていくのです。

思い浮かんだことはどんどんノートに書き出すことで脳はオープンになり、行動することがどんどん楽しくなっていくはずです。

# 05
suguyaru!
# 疑問や目標もどんどん書き込む

気づいたことだけでなく、疑問に思ったこともどんどん書き留めていきましょう。疑問に感じたことを流してしまってはもったいないのです。いい質問は脳の回転を速めますし、疑問がきっかけで新しいアイデアが浮かぶことはよくあることです。

たとえば、先日電車に乗っていたときに、電車が急停車したことがありました。

そのとき日本語でのアナウンスはあったのですが、外国人観光客の人達には何が起こっているのか全くわからない様子です。不安そうな外国人観光客の顔を見て、自分がこの立場なら心細いだろうなと思いました。

「英語でのアナウンスの仕組みを作ってもいいのでは?」

こんな疑問が浮かびました。

私は早速トリガーノートにメモしました。

インバウンド事業にも携わることが多いので、その夜、ノートを見返しているとたくさんのアイデアが浮かんでワクワクして、翌日から新しい取り組みを始めました。

また、**自分のなかでの決意や目標もすぐに文字にしたほうがいいでしょう。**頭のなかで目標を考えているとどうしても抽象的になってしまうのですが、文字で書くことによって目標が明確になる効果が期待できます。

そして人は目に見えるものに影響を受けやすいので、ノートを見直すことで自分のなかでも目標を再確認することもできますね。

トリガーノートを見直して書き込んだ目標をリフレクションノートの目標ページに反映させておくと効果的です。

トリガーノートには、気づきや感じたこと、ひらめいたアイデア、疑問に思ったこと、思い浮かんだ目標など、基本的には何でも、１つにつき1ページを使って書き込んでいきましょう。

# おわりに

ノートは自分と向き合うための最強のツールだと思っています。

私たちが毎朝家を出るとき、鏡の前に立って髪やジャケットの襟が整っているかを確認するのは、自分で自分のことを直接見ることはできないからです。そのとき、容姿をチェックするために、鏡というツールを使います。

これと同じく、自分の頭のなかを自分でのぞき込むということは、実は難しいことです。自分のことはわかっているようで、わかっていないものなのです。

そのため、本書ではノートという誰にでもすぐ活用できるツールを使えば、自分のことや自分の置かれている状況を客観的にとらえることができる、とお伝えしてきました。

日々の活動に追われて過ごしていると、自分は本当は何がしたいのか、これからどうなりたいのかがどんどん見えなくなってきます。これだと目標や夢を持つことは難しいでしょう。

前に突き進むことも大事ですが、ときには立ち止まって、自分の置かれた状況を整理しながら、頭のなかにあるものを取り出してみることも同じく大事です。

全てのことが順調に進めばいいですが、実際はそうはいかないからです。順調なときは多くの人が行動的になれますが、壁にぶつかったときは思うように自分を動かすことができないことがあるでしょう。

本書でご紹介した、タスコンノートを活用してやることをサクサク消化していけば、自分の時間を増やせます。

リフレクションノートで課題を見つけ、トリニティノートで学びを行動につなげ、成長できる喜びを感じます。

クレンジングノートでモヤモヤした考えや思いをシンプルにひも解いて、トリガーノートで関心のあることを書き留めて好奇心を刺激していきます。

一度に全てのノート術を習得することは難しいと思いますが、シンプルなものばかりですので、どれか1つまず試してみてください。きっとこれまでと違う気づきが得られることと思いますし、行動することが楽しくなっていくはずです。

ここまでお読みいただき、感謝しております。
あなたの明日が、今日よりも素晴らしいものになることを祈っております。

塚本　亮

■著者略歴

塚本　亮（つかもと　りょう）

1984年京都生まれ。同志社大学卒業後、ケンブリッジ大学大学院修士課程修了（専攻は心理学）。

偏差値30台、退学寸前の問題児から一念発起して、同志社大学経済学部に現役合格。その後ケンブリッジ大学で心理学を学び、帰国後、京都にてグローバルリーダー育成を専門とした「ジーエルアカデミア」を設立。心理学に基づいた指導法が注目され、国内外の教育機関などから指導依頼が殺到。

これまでのべ4000人に対して、世界に通用する人材の育成・指導を行ってきている。

また、映画『マイケル・ジャクソン THIS IS IT』のディレクター兼振付師であるトラヴィス・ペイン氏を始め、世界の一流エンターテイナーの通訳者を務める他、インバウンドビジネスのアドバイザリとしても活躍するなど、幅広いビジネスを展開している。

著書に『偏差値30でもケンブリッジ卒の人生を変える勉強』（あさ出版）、『努力が勝手に続いてしまう。』（ダイヤモンド社）、『「すぐやる人」と「やれない人」の習慣』（明日香出版社）などがある。


本書の内容に関するお問い合わせ
明日香出版社　編集部
☎(03) 5395-7651


「すぐやる人《ひと》」のノート術《じゅつ》

2018年　1月　22日　初版発行
2018年　2月　9日　第20刷発行

著　者　塚《つか》本《もと》　亮《りょう》
発行者　石野栄一

〒112-0005 東京都文京区水道2-11-5
電話 (03) 5395-7650（代表）
(03) 5395-7654（FAX）
郵便振替 00150-6-183481
http://www.asuka-g.co.jp

明日香出版社

■スタッフ■　編集　小林勝／久松圭祐／古川創一／藤田知子／田中裕也／生内志穂
営業　渡辺久夫／浜田充弘／奥本達哉／野口優／横尾一樹／関山美保子／藤本さやか　財務　早川朋子　AFP　平戸基之

印刷　株式会社文昇堂
製本　根本製本株式会社
ISBN 978-4-7569-1945-8 C0036




編集担当　古川創一

## 仕事ができる人の最高の時間術

田路　カズヤ

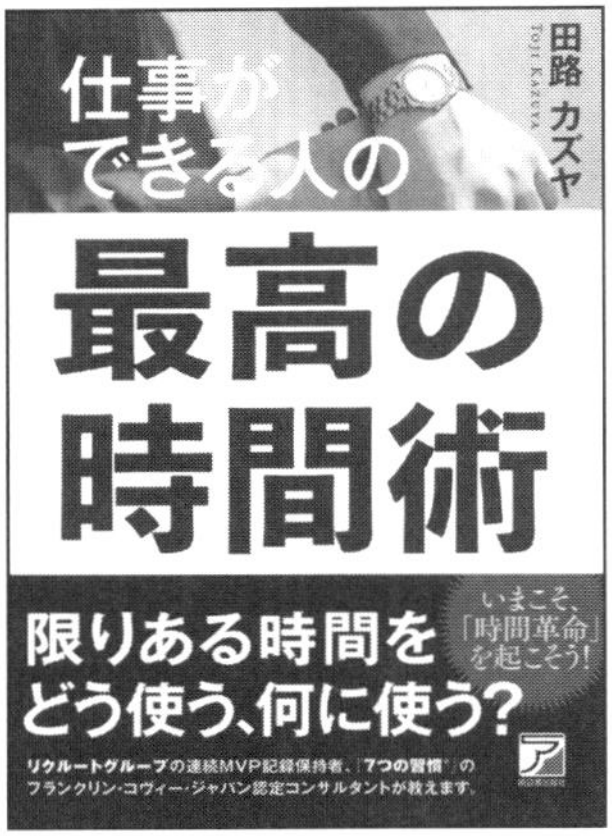


限られた時間の中で最高のパフォーマンスをあげ、目標を達成するための時間活用術を紹介。時間に対する「心(意識)」を変え、「行動」を変え、「習慣(仕事の進め方)」を変えることにより、仕事もプライベートも充実するようになる。

本体価格 1500 円＋税　B6 並製　232 ページ
ISBN978-4-7569-1940-3　2017/12 発行

## 世界標準の仕事の教科書

福留　浩太郎

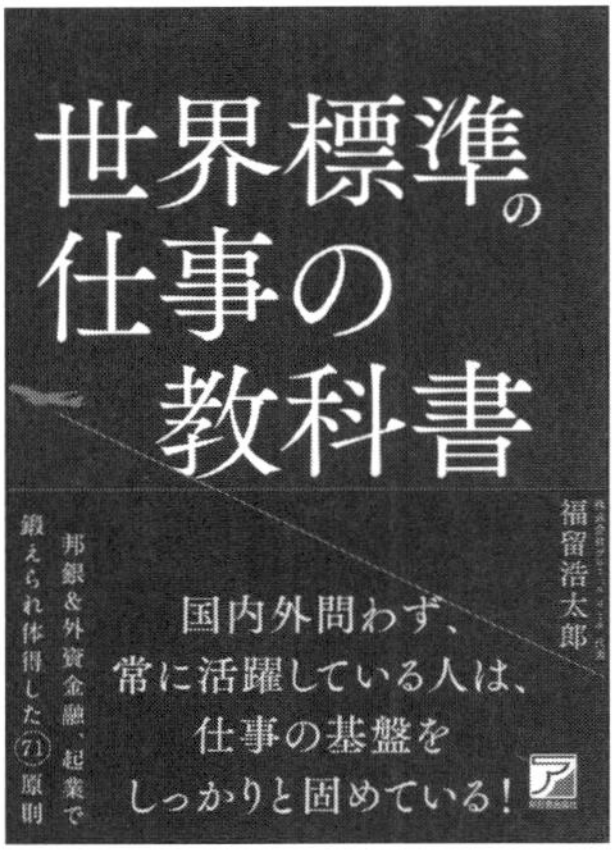


国内外問わず、大事にされていて、変わることのない、仕事のキホンを紹介する。
『仕事の姿勢』『仕事の考え方』『コミュニケーション』『自己管理』などを中心に、著者が実践している仕事のキホンをベースに解説。

本体価格 1400 円＋税　B6 並製　256 ページ
ISBN978-4-7569-1930-4　2017/10 発行

## 仕事が速くなる！　PDCA 手帳術

谷口　和信

激務のなか、残業時間を極力抑える秘訣は、手帳のつけ方にあった！
現役会社員が試行錯誤のなかで身につけた手帳術を図版を交えて紹介していく。
このやり方を採り入れたことで、残業を大幅に削り、そして以前よりも成果が出やすくなった。社員のための社員による手帳術！

本体価格 1500 円＋税　B6 並製　240 ページ
ISBN978-4-7569-1936-6　2017/11 発行

## 仕事のミスが激減する「手帳」「メモ」「ノート」術

鈴木　真理子

「やることを忘れてしまった」、「期日を忘れてしまった」……。この原因は、メモること自体を怠ったか、メモをしただけで安心をしてしまったかのどちらかです。
本書は、ミスなし、モレなし、遅れなしを実現するための手帳、メモ、ノート、記録術をまとめます。

本体価格 1400 円＋税　B6 並製　200 ページ
ISBN978-4-7569-1865-9　2016/11 発行

## 「すぐやる人」と「やれない人」の習慣

塚本　亮

「難しく考えてしまい、結局動けない」「Aで行くか、Bで行くか悩んでしまう」など、優柔不断ですぐに行動に移せないことに悩む人は多い。そんな自分を責めて、自分のことが嫌いになる人もいます。そういう想いをとっぱらいいざという時に行動できる自分になるために、心理学的見地と実際に著者が大事にされている習慣をもとに説いていく。

本体価格 1400 円＋税　B6 並製　240 ページ
ISBN978-4-7569-1876-5　2017/01 発行

## 99%の人がしている悪い習慣を捨て、たった1%の成功者になれる本

塚本　亮

ムダな考え方や習慣を捨てることで、目標を達成する力や続ける力を身につけられます。
身近な例をあげながら、著者が体得した心理学的な見解を交え、実践しやすいかたちで技術を紹介していきます。

本体価格 1400 円＋税　B6 並製　264 ページ
ISBN978-4-7569-1808-6　2015/12 発行